Charles Bukowski
(1920-1994)

Charles Bukowski nasceu a 16 de agosto de 1920 em Andernach, Alemanha, filho de um soldado americano e de uma jovem alemã. Aos três anos de idade, foi levado aos Estados Unidos pelos pais. Criou-se em meio à pobreza de Los Angeles, cidade onde morou por cinquenta anos, escrevendo e embriagando-se. Publicou seu primeiro conto em 1944, aos 24 anos de idade, e somente aos 35 começou a publicar poesias. Foi internado diversas vezes com crises de hemorragia e outras disfunções geradas pelo abuso do álcool e do cigarro. Durante a sua vida, ganhou certa notoriedade com contos publicados pelos jornais alternativos *Open City* e *Nola Express*, mas precisou buscar outros meios de sustento: trabalhou catorze anos nos Correios. Casou, teve uma filha e se separou. É considerado o último escritor "maldito" da literatura norte-americana, uma espécie de autor beat honorário, embora nunca tenha se associado com outros representantes beats, como Jack Kerouac e Allen Ginsberg.

Sua literatura é de caráter extremamente autobiográfico, e nela abundam temas e personagens marginais, como prostitutas, sexo, alcoolismo, ressacas, corridas de cavalos, pessoas miseráveis e experiências escatológicas. De estilo extremamente livre e imediatista, na obra de Bukowski não transparecem demasiadas preocupações estruturais. Dotado de um senso de humor ferino, autoirônico e cáustico, ele foi comparado a Henry Miller, Louis-Ferdinand Céline e Ernest Hemingway.

Ao longo de sua vida, publicou mais de 45 livros de poesia e prosa. São seis os seus romances: *Cartas na rua* (1971), *Factótum* (1975), *Mulheres* (1978)
quente (1982), *Hollywood*
na Coleção L&PM POCK
destacam os livros de con

velho safado (1969), *Erections, Ejaculations, Exhibitions, and General Tales of Ordinary Madness* (1972; publicado em dois volumes em 1983 sob os títulos de *Tales of Ordinary Madness* e *The Most Beautiful Woman in Town*, lançados pela L&PM Editores como *Fabulário geral do delírio cotidiano* e *Crônica de um amor louco*), *Ao sul de lugar nenhum* (1973; L&PM, 2008), *Bring Me Your Love* (1983), *Numa fria* (1983; L&PM, 2003), *There's No Business* (1984) e *Miscelânea Septuagenária* (1990; L&PM, 2014). Seus livros de poesias são mais de trinta, entre os quais *Flower, Fist and Bestial Wail* (1960), *O amor é um cão dos diabos* (1977; L&PM, 2007), *You Get So Alone at Times that It Just Makes Sense* (1996), sendo que a maioria permanece inédita no Brasil. Várias antologias, como *Textos autobiográficos* (1993; L&PM, 2009), além de livros de poemas, cartas e histórias reunindo sua obra foram publicados postumamente, tais quais *O capitão saiu para o almoço e os marinheiros tomaram conta do navio* (1998; L&PM, 2003) e *Pedaços de um caderno manchado de vinho* (2008; L&PM, 2010).

Bukowski morreu de pneumonia, decorrente de um tratamento de leucemia, na cidade de San Pedro, Califórnia, no dia 9 de março de 1994, aos 73 anos de idade, pouco depois de terminar *Pulp*.

CHARLES BUKOWSKI

O CAPITÃO SAIU PARA O ALMOÇO E OS MARINHEIROS TOMARAM CONTA DO NAVIO

ILUSTRAÇÕES DE ROBERT CRUMB

Tradução de BETTINA GERTUM BECKER

L&PM POCKET

Coleção **L&PM** POCKET, vol. 330

Texto de acordo com a nova ortografia.

Este livro foi publicado em 1999, pela L&PM Editores, em formato 14x21.
Primeira edição na Coleção **L&PM** POCKET: agosto de 2003
Esta reimpressão: novembro de 2019

Capa: Ivan Pinheiro Machado sobre cartaz do navio *Normandie* (1935).
Tradução: Bettina Gertum Becker
Revisão: Renato Deitos, Cláudia Laitano e Flávio Dotti Cesa

ISBN 978-85-254-1210-2

B932c   Bukowski, Charles, 1920-1994
         O capitão saiu para o almoçar e os marinheiros tomaram conta do navio / Charles Bukowski; tradução de Bettina Gertum Becker; ilustrações de Robert Crumb. – Porto Alegre, RS: L&PM, 2019.
         160 p. ; 18 cm. (Coleção L&PM POCKET)

         1.Ficção norte-americana-novelas. 2.Crumb, Robert, il. I.Título. II. Série

                         CDD813.3
                         CDU 820(73)-32

Catalogação elaborada por Izabel A. Merlo, CRB 10/329.

© 1998 by Linda Lee Bukowski.
Illustrations. Copyright © 1998 by Robert Crumb.

Todos os direitos desta edição reservados a L&PM Editores
Rua Comendador Coruja, 314, loja 9 – Floresta – 90.220-180
Porto Alegre – RS – Brasil / Fone: 51.3225.5777

Pedidos & Depto. Comercial: vendas@lpm.com.br
Fale conosco: info@lpm.com.br
www.lpm.com.br

Impresso no Brasil
Primavera de 2019

O capitão saiu para o almoço e os marinheiros tomaram conta do navio

28/08/91   23:28

Foi um dia bom no hipódromo, quase forrei o bolso.

Mas é chato aqui, mesmo quando você está ganhando. Tem os 30 minutos entre os páreos, sua vida escorrendo para o espaço. As pessoas têm uma aparência cinzenta, gasta. E aqui estou com elas. Mas aonde mais poderia ir? A um museu de arte? Imaginem passar o dia inteiro em casa e brincar de escritor. Poderia usar um lencinho branco. Lembro de um poeta que costuma aparecer nas festas. Faltavam botões na camisa, as calças manchadas de vômito, cabelos nos olhos, sapatos desamarrados, mas usava uma longa echarpe que mantinha sempre bem limpa. Aquilo indicava que ele era um poeta. Sua obra? Esqueça...

Cheguei, nadei na piscina, e depois fui ao spa. Minha alma está a perigo. Sempre esteve.

Estava sentado no sofá com Linda, uma boa e escura noite chegando, quando bateram na porta. Linda abriu.

"É melhor você vir aqui, Hank..."

Fui até a porta, de pés descalços e roupão. Um cara loiro e jovem, uma moça gorda e uma garota de tamanho médio.

"Eles querem o seu autógrafo..."

"Eu não recebo pessoas", disse a eles.

"Nós só queremos o seu autógrafo", disse o loiro, "prometemos não voltar nunca mais."

Então começou a dar risadinhas e segurar a cabeça. As garotas só ficaram olhando.

"Mas nenhum de vocês tem caneta, nem mesmo um pedaço de papel", disse eu.

"Ah", disse o garoto loiro, tirando as mãos da cabeça. "Voltaremos de novo com um livro! Talvez numa hora mais adequada..."

O roupão. Os pés descalços. Talvez o garoto achasse que eu era excêntrico. Talvez eu fosse.

"Não venham de manhã", disse a eles.

Vi eles se afastarem e fechei a porta...

Agora estou aqui escrevendo sobre eles. A gente tem que ser um pouco duro, se não eles ficam aporrinhando. Tive algumas experiências terríveis abrindo aquela porta. Muitos que acham que, de alguma forma, você vai convidá-los para entrar e para beber a noite toda. Prefiro beber sozinho. Um escritor não deve nada, exceto ao seu texto. Ele não deve nada para o leitor, exceto a disponibilidade da página impressa. E, pior, muitos dos que batem à porta não são nem leitores. Só ouviram falar alguma coisa. O melhor leitor e a melhor pessoa são os que me recompensam com a sua ausência.

29/08/91　　　　　　　　**22:55**

Hoje, foi devagar no hipódromo. Minha maldita vida pendurada no gancho. Vou lá todos os dias. Não encontro ninguém lá, só os funcionários. Provavelmente, tenho alguma doença. Saroyan perdeu seu rabo no hipódromo, Fante, nas cartas, e Dostoievsky, na roleta. E realmente não é uma questão de dinheiro, a não ser que você fique duro. Eu tinha um amigo jogador que dizia: "Não me importo se perco ou se ganho, só quero apostar". Tenho mais respeito pelo dinheiro. Tive pouco na maior parte da vida. Sei o que é um banco de praça, e o proprietário bater na porta. Só existem duas coisas erradas com o dinheiro: quando é demais ou de menos.

Acho que sempre arranjamos alguma coisa para nos atormentar. E, no hipódromo, você sente as outras pessoas, a escuridão desesperada, e como jogam e desistem com facilidade. A multidão do hipódromo é o mundo em tamanho menor, a vida lutando contra a morte e perdendo. No final, ninguém ganha, buscamos apenas uma prorrogação, um momento sem ser ofuscado. (Merda, a brasa do cigarro queimou um dos meus dedos enquanto estava meditando sobre esta falta de sentido. Isto me acordou, me tirou deste estado sartriano!) Diabos, precisamos de humor, precisamos rir. Eu costumava rir mais, eu costumava fazer tudo mais, exceto escrever. Hoje, escrevo e escrevo e escrevo, quanto mais velho fico, mais escrevo, dançando com a morte. Excelente show. E acho que a coisa está boa. Um dia, dirão: "Bukowski está morto", e daí serei verdadeiramente descoberto e pendurado em fedorentos e brilhantes postes de luz. E daí? A imortalidade é uma estúpida invenção dos vivos. Você vê o que faz o hipódromo? Faz com que o texto flua. Relâmpagos e sorte. O último azulão cantando. Qualquer coisa que digo soa bem porque eu arrisco quando escrevo. Gente demais é cuidadosa demais. Estudam, ensinam e fracassam. A convenção apaga a sua chama.

Me sinto melhor agora, aqui neste segundo andar com o Macintosh. Meu companheiro.

E Mahler está no rádio, desliza com tanta facilidade, arriscando muito, isso é necessário às vezes. Então, ele manda um daqueles trechos apoteóticos. Obrigado, Mahler, pego emprestado de você e nunca poderei pagar.

Fumo demais, bebo demais, mas não consigo escrever demais, o texto fica vindo e peço mais e chega e se mistura com Mahler. Às vezes, paro deliberadamente. Digo espere um pouco, vá dormir ou olhe seus nove gatos ou sente com sua mulher no sofá. Você está no hipódromo ou com o Macintosh. E então paro, piso no freio, estaciono a maldita coisa. Algumas pessoas escreveram que meus livros as ajudaram a seguir em frente. Me ajudaram também. Os livros, os cavalos, os nove gatos.

Aqui, há uma pequena sacada, a porta está aberta e posso ver as luzes dos carros na Harbor Freeeway sul, nunca param, o rolar das luzes, sem parar. Todas aquelas pessoas. O que estão fazendo? O que estão pensando? Todos nós vamos morrer, que circo! Só isso deveria fazer com que amássemos uns aos outros, mas não faz. Somos aterrorizados e esmagados pelas trivialidades, somos devorados por nada.

Continue, Mahler! Você fez com que esta fosse uma noite maravilhosa. Não pare, filho da puta! Não pare!

11/09/91 **01:20**

Deveria cortar minhas unhas dos pés. Meus pés estão me machucando há umas duas semanas. Sei que são as unhas dos pés, mas não consigo achar tempo para cortá-las. Estou sempre atrasado, não tenho tempo para nada. Claro, se eu pudesse ficar longe do hipódromo teria tempo de sobra. Mas toda a minha vida tem sido uma questão de lutar por uma simples hora para fazer o que eu quero fazer. Tem sempre alguma coisa atrapalhando a minha chegada a mim mesmo.

Devo fazer um esforço gigante para cortar minhas unhas dos pés hoje à noite. Sim, eu sei que tem pessoas morrendo de câncer, que tem pessoas dormindo nas ruas, em caixas de papelão, e fico falando em cortar minhas unhas. Ainda assim, provavelmente estou mais perto da realidade do que um panaca que assiste a 162 jogos de baseball por ano. Estive em meu inferno, estou no meu inferno, não me acho superior. O fato de estar vivo e com 71 anos e falando sem parar sobre minhas unhas dos pés é milagre suficiente pra mim.

Tenho lido os filósofos. São uns caras realmente estranhos, engraçados e loucos. Jogadores. Descartes veio e disse: é pura bobagem o que esses caras estão falando. Disse que a matemática era o modelo da verdade absoluta e óbvia. *Mecanismo*. Então, Hume veio com seu ataque à validade do conhecimento científico causal. E depois veio Kierkegaard: "Enfio meu dedo na existência – não tem cheiro de nada. Onde estou?". E depois veio Sartre, que sustentava que a existência é absurda. Adoro esses caras. Embalam o mundo. Será que tinham dor de cabeça por pensar dessa forma? Será que uma torrente de escuridão rugia entre seus dentes? Quando você pega homens como esses e os compara aos homens que vejo caminhando nas ruas ou comendo em cafés ou aparecendo na tela da TV, a diferença é tão grande que alguma coisa se contorce dentro de mim, me chutando as tripas.

Provavelmente, não vou fazer as unhas dos pés esta noite. Não estou louco, mas também não estou são. Não, talvez eu esteja louco. De qualquer forma, hoje, quando a luz do dia aparecer e quando forem duas da tarde, acontecerá o primeiro páreo do último dia de corridas em Del Mar. Joguei todos os dias, em todos os páreos. Vou dormir agora, minhas unhas como lâminas rasgando os lençóis novos. Boa noite.

12/09/91 **23:19**

Sem cavalos hoje. Me sinto estranhamente normal. Entendo por que Hemingway precisava das touradas, elas o situavam, lembravam-no de onde era e o que era. Às vezes nos esquecemos, pagando contas de gasolina, trocando o óleo etc. A maioria das pessoas não está pronta para a morte, a sua ou a dos outros. Ela as choca, as apavora. É como uma grande surpresa. Diabos, não deveria ser nunca. Levo a morte em meu bolso esquerdo. Às vezes, tiro-a do bolso e falo com ela: "Oi, gata, como vai? Quando virá me buscar? Vou estar pronto".

Não há nada a lamentar sobre a morte, assim como não há nada a lamentar sobre o crescimento de uma flor. O que é terrível não é a morte, mas as vidas que as pessoas levam ou não levam até a sua morte. Não reverenciam suas próprias vidas, mijam em suas vidas. As pessoas as cagam. Idiotas fodidos. Concentram-se demais em foder, cinema, dinheiro, família, foder. Suas mentes estão cheias de algodão. Engolem Deus sem pensar, engolem o país sem pensar. Esquecem logo como pensar, deixam que os outros pensem por elas. Seus cérebros estão entupidos de algodão. São feios, falam feio, caminham feio. Toque para elas a maior música de todos os tempos e elas não conseguem ouvi-la. A maioria das mortes das pessoas é uma empulhação. Não sobra nada para morrer.

Veja, preciso dos cavalos, perco meu senso de humor. Uma coisa que a morte não suporta é que você ria dela. O verdadeiro riso ganha a maior das apostas. Não rio há três ou quatro semanas. Alguma coisa está me comendo vivo. Me coço, me viro, olho em volta, tentando encontrá-la. O Caçador é esperto. Não consigo vê-lo. Ou vê-la.

Este computador deve voltar para a loja. Não vou abençoá-los com os detalhes. Algum dia, vou saber mais sobre os computadores do que os próprios computadores. Mas, nesse momento, esta máquina está me vencendo.

Tem dois editores que conheço que ficam ofendidos com os computadores. Tenho essas duas cartas e elas são furiosas contra os computadores. Fiquei surpreso com a amargura nas cartas. E com a criancice. Sei que o computador não pode escrever por mim. Se pudesse, eu não ia querer. As cartas eram longas demais. Inferiam que o computador não faz bem à alma. Bom, poucas coisas fazem. Mas sou a favor da conveniência, se posso escrever o dobro e a qualidade permanece a mesma, então prefiro o computador. Escrever é quando voo, escrever é quando começo incêndios. Escrever é quando tiro a morte do meu bolso esquerdo, atiro-a contra a parede e a pego de volta quando rebate.

Esses caras acham que você tem que estar crucificado e sangrando para ter alma. Querem que você esteja meio louco, babando na camisa.

Já estou cheio da cruz, meu tanque está cheio disso. Se puder ficar fora da cruz, ainda terei bastante combustível. Demais. Deixe que eles subam na cruz, eu os congratulo. Mas a dor não cria a obra, um escritor, sim.

De qualquer forma, de volta à loja com isto e quando esses dois editores virem meu trabalho batido à máquina de novo vão pensar, ah, o Bukowski está com sua alma de volta. É muito melhor ler esse negócio.

Ah, bem, o que faríamos sem os editores? Ou melhor ainda, o que eles fariam sem nós?

13/09/91　　　　　　　　17:28

O hipódromo está fechado. Não há apostas entre hipódromos com Pomona, aqui ó que eu vou dirigir nesse calorão. Provavelmente, vou acabar nas corridas à noite em Los Alamitos. O computador veio outra vez da oficina, mas não corrige mais a ortografia. Tentei de tudo para descobrir por quê. É provavel que eu tenha que ligar para a loja e perguntar para o cara: "O que é que faço agora?". E ele vai dizer alguma coisa como: "Você vai ter que transferi-lo do disco principal para o disco rígido". Provavelmente, vou acabar apagando tudo. A máquina de escrever está atrás de mim e diz: "Olhe, ainda estou aqui".

Tem noites em que esta sala é o único lugar onde quero estar. Ainda assim, me levanto e sou uma casca vazia. Sei que poderia fazer o diabo e fazer as palavras dançarem nesta tela se me embebedasse, mas tenho que buscar a irmã de Linda no aeroporto amanhã de tarde. Ela vem fazer uma visita. Ela mudou seu nome de Robin para Jharra. Quando as mulheres ficam mais velhas, trocam de nome. Quero dizer, muitas fazem isso. Imagine se um homem fizesse isso. Conseguem me imaginar telefonando para alguém:

"Ei, Mike, aqui é o Tulipa."

"Quem?"

"Tulipa. Antes era Charles, mas agora é Tulipa. Não vou mais atender ao nome Charles."

"Vá se foder."

Mike desliga...

Ficar velho é muito estranho. A coisa principal é que você tem que ficar constantemente dizendo a si mesmo estou velho, estou velho. Você se vê no espelho quando desce no elevador, mas não olha diretamente para o espelho, dá uma olhada de lado, um sorriso amarelo. Você não está tão mal, você parece algo como uma vela empoeirada. Azar, fodam-se os deuses, foda-se o jogo. Você já deveria estar morto há 35 anos. Isto é uma cena a mais, mais uma olhada no show de horror. Quanto mais velho o escritor fica, melhor ele deve escrever, ele já viu mais coisas, já aguentou mais, já perdeu mais, está mais perto da morte. Esta última é a maior vantagem. E há sempre a nova página, a página em branco, 8 e ½ por 11 polegadas. O jogo continua. Daí você sempre lembra de uma ou duas coisas que os outros caras disseram. Jeffers: "Zangue-se com o sol". Maravilhoso demais. Ou Sartre: "O inferno são os outros". Direto no alvo. Nunca estou sozinho. A melhor coisa é ficar sozinho, mas nem tanto assim.

À minha direita, o rádio trabalha duro me trazendo mais excelente música clássica. Escuto isso por três a quatro horas por noite enquanto estou fazendo outras coisas, ou nada. É minha droga, lava a sujeira do dia de dentro de mim. Os compositores clássicos conseguem fazer isso por mim. Os poetas, os novelistas,

"Não sei quanto às outras pessoas, mas quando me abaixo para colocar os sapatos de manhã, penso, Deus Todo-Poderoso, o que mais agora?"

os escritores de contos, não. Uma gangue de fajutos. Existe alguma coisa em escrever que atrai os fajutos. O que é? Os escritores são os mais difíceis de aguentar, nos livros ou ao vivo. E são piores ao vivo do que nos livros e isso é muito ruim. E nós adoramos falar mal uns dos outros. Como eu.

Quanto a escrever, hoje escrevo basicamente da mesma forma que fazia há 50 anos, talvez um pouco melhor, mas não muito. Por que tenho que chegar aos 51 para poder pagar o aluguel com os meus livros? Quero dizer, se estou certo e escrevo igual, por que demorou tanto? Tive que esperar que o mundo me entendesse? E, se ele me entende, como estou agora? Mal, é isso. Mas não acho que não fiquei burro por acaso. Será que um cara burro se dá conta que é? Mas estou longe de estar satisfeito. Há alguma coisa em mim que não consigo controlar. Nunca dirijo meu carro por cima de uma ponte sem pensar em suicídio. Quero dizer, não fico pensando nisso. Mas passa pela minha cabeça: SUICÍDIO. Como uma luz que pisca. No escuro. Alguma coisa que faz você continuar. Saca? De outra forma, seria apenas loucura. E não é engraçado, colega. E cada vez que escrevo um bom poema, é mais uma muleta que me faz seguir em frente. Não sei quanto às outras pessoas, mas quando me abaixo para colocar os sapatos de manhã, penso, Deus Todo-Poderoso, o que mais agora? A vida me fode, não nos damos bem. Tenho que comê-la pelas beiradas, não tudo de uma vez só. É como engolir baldes de merda. Não me surpreende que os hospícios e as cadeias estejam cheios e que as ruas estejam cheias. Gosto de olhar os meus gatos, eles me acalmam. Eles me fazem sentir bem. Mas não me coloque em uma sala cheia de humanos. Nunca faça isso comigo. Especialmente numa festa. Não faça isso.

Ouvi falar que encontraram minha primeira mulher morta, na Índia, e que ninguém da família quis o corpo. Pobre garota. Ela tinha o pescoço aleijado, não virava. Fora isso, era perfeitamente linda. Ela se divorciou de mim e devia ter feito isso. Não fui bom ou generoso o suficiente para salvá-la.

21/09/91 **21:27**

Fui à estreia de um filme ontem à noite. Tapete vermelho. Lâmpadas de flash. Festa depois. Duas festas depois. Pouco ouvi do que foi dito. Gente demais. Quente demais. Na primeira festa, fui encurralado no bar por um cara jovem com olhos muito redondos que nunca piscavam. Não sei o que ele tinha tomado. Ou não tinha tomado. Muitas pessoas estavam assim por ali. O cara estava com três garotas bem bonitas e ele ficava me falando o tempo todo como elas gostavam de chupar pau. As garotas apenas sorriam e diziam: "É sim!". E toda a conversa continuou desse jeito. Sem parar. Eu tentava adivinhar se era verdade ou se estavam me enganando. Mas depois de um tempo me cansei daquilo. Mas o cara continuava me pressionando, falando de como as garotas gostavam de chupar pau. Seu rosto ia ficando cada vez mais perto e ele continuava falando. Finalmente, estendi o braço, agarrei-o pela camisa, com força, e o segurei assim e disse: "Escute, não ficaria bem um cara de 71 anos tirar o seu couro na frente de toda essa gente, ficaria?". Daí, eu o larguei. Foi para outro lado do bar, seguido por suas garotas. Não consegui entender nada.

Acho que estou acostumado a me sentar num quartinho e fazer com que as palavras

"*Escute, não ficaria bem um cara de 71 anos tirar o seu couro na frente de toda essa gente, ficaria?*"

tenha algum sentido. Já vejo o suficiente da humanidade nos hipódromos, nos supermercados, nos postos de gasolina, nas estradas, nos cafés etc. Não se pode evitar. Mas tenho vontade de me dar um chute na bunda quando vou a festas, mesmo que a bebida seja de graça. Nunca funciona comigo. Já tenho argila suficiente para brincar. As pessoas me esvaziam. Preciso sair para me reabastecer. Sou o que é melhor para mim, sentado aqui atirado, fumando um baseadinho e vendo as palavras brilharem na tela. Raramente encontro uma pessoa rara ou interessante. É mais que perturbador, é um choque constante. Está me tornando um maldito mal-humorado. Qualquer um pode ser um maldito mal-humorado, e a maioria é. Socorro!

Só preciso de uma boa noite de sono. Mas antes, nunca uma maldita coisa para ler. Depois que você lê uma certa quantidade de literatura decente, simplesmente não há mais nada. Nós mesmos temos que escrever. Não há entusiasmo. Mas espero acordar de manhã. E na manhã em que eu não acordar, tudo bem. Não precisarei mais de persianas, lâminas de barbear, programas dos páreos ou secretárias eletrônicas. De qualquer forma, o telefone é, em geral, para minha mulher. Os Sinos Não Dobram por Mim[1].

Dormir, dormir. Durmo de barriga para baixo. Velho hábito. Vivi com mulheres loucas demais. Tinha que proteger as partes privadas. Pena que o cara da festa não me enfrentou. Estava a fim de chutar um traseiro. Teria me alegrado imensamente. Boa noite.

---

1. *The Bells do not Toll for Me*. Trocadilho entre a companhia telefônica Bell e Toll (tarifa) com o título do famoso livro de Hemingway *Por quem os sinos dobram*. (N. da T.)

25/09/91   00:28

Maldita noite quente, os gatos estão num estado deplorável, no meio de todo aquele pelo, olham para mim e não posso fazer nada. Linda saiu para algum lugar. Ela precisa de coisas para fazer, de pessoas para conversar. Tudo bem pra mim, mas ela tende a beber e precisa voltar dirigindo. Não sou boa companhia, não gosto de conversar. Não quero trocar ideias – ou almas. Sou apenas um bloco de pedra para mim mesmo. Quero ficar dentro do bloco, sem ser perturbado. Foi assim desde o começo. Resisti a meus pais, resisti à escola e depois resisti a tornar-me um cidadão decente. O que quer que eu fosse, fui desde o começo. Não queria que ninguém mexesse com isso. E ainda não quero.

Acho que as pessoas que têm cadernos e anotam seus pensamentos são umas cretinas. Só estou fazendo isso porque alguém sugeriu que eu o fizesse. Como você vê, não sou nem mesmo um cretino original. Mas isso, de alguma forma, faz com que seja mais fácil. Só deixo rolar. Como uma bosta quente ladeira abaixo.

Não sei o que fazer com o hipódromo. Acho que está perdendo a graça pra mim. Estava hoje no Hollywood Park, apostas entre hipódromos, 13 páreos do Fairplex Park. Depois do 7º páreo, estou ganhando US$ 72. E daí? Isso vai tirar alguns destes cabelos brancos das minhas sobrancelhas? Vai me transformar em um cantor de ópera? O que eu quero? Estou apostando num jogo difícil, estou apostando uma chance de 18 por cento. Faço muito isso. Assim, não deve ser muito difícil. O que eu quero? Realmente não me importo se existe um Deus ou não. Não me interessa. Então, que diabos é 18 por cento?

Olho e vejo o mesmo cara falando. Fica no mesmo lugar todos os dias falando com essa ou aquela pessoa ou pessoas. Segura o Programa dos Páreos e fala sobre os cavalos. Que saco! O que estou fazendo aqui?

Vou embora. Caminho até o estacionamento, pego meu carro e saio. São só quatro da tarde. Outros saem junto. Somos lesmas caminhando sobre uma folha.

Então, chego na entrada da garagem, estaciono e saio. Tem um recado da Linda grudado no telefone. Abro a caixa do correio. Uma conta de gás. E um grande envelope cheio de poemas. Todos impressos em folhas separadas de papel. Mulheres falando sobre suas menstruações, sobre suas tetas e peitos e sobre serem comidas. Completamente chato. Jogo no lixo.

Então, dou uma cagada. Me sinto melhor. Tiro a roupa e entro na piscina. Água gelada. Mas ótima. Caminho até a parte funda da piscina, a água subindo centímetro por centímetro, me gelando. Daí, mergulho debaixo da água. É repousante. O mundo não sabe onde estou. Subo, nado até a outra ponta, encontro o degrau, me sento. Deve estar no 9º ou no 10º páreo. Os cavalos ainda estão correndo. Mergulho de novo na água, consciente da minha estúpida brancura, da minha idade grudada em mim como uma sanguessuga. Mesmo assim, tudo bem. Eu deveria ter morrido há 40 anos. Subo à superfície, nado até o outro lado, saio.

Isto foi há muito tempo. Estou aqui em cima agora com o Macintosh IIsi. E isto é tudo por hoje. Acho que vou dormir. Descansar para ir ao hipódromo amanhã.

26/09/91 **12:16**

Recebi as provas do novo livro hoje. Poesia. Martin disse que vai dar umas 350 páginas. Acho que os poemas são bons. Assalto ao trem[2]. Sou um velho trem a vapor, correndo para o hipódromo.

Levei umas duas horas para ler. Tenho certa prática nisso. As linhas rolam livremente e falam sobre o que quero que falem. Hoje, minha principal influência sou eu mesmo.

À medida que vivemos, caímos e somos destroçados por várias armadilhas. Ninguém escapa delas. Alguns até mesmo convivem com elas. A ideia é se dar conta de que uma armadilha é uma armadilha. Se você está numa e não se dá conta, você está fodido. Acho que me dei conta da maioria das minhas armadilhas e escrevi sobre elas. É claro, nem tudo o que escrevi foi sobre armadilhas. Existem outras coisas. Ainda assim, alguns dizem que a vida é uma armadilha. Escrever pode ser uma armadilha. Alguns escritores tendem a escrever o que agradou seus leitores no passado. Daí, estão fodidos. A criatividade da maioria dos escritores tem vida curta. Ouvem os elogios e acreditam neles. Há apenas um juiz final do que foi escrito, que é o escritor. Quando é influen-

---
2. *The poems hold up. Uphold.* – Acho que os poemas são bons. Assalto a trem.

ciado pelos críticos, editores, leitores, está acabado. E, é claro, quando for influenciado por sua fama e sua fortuna, você pode mandá-lo flutuando rio abaixo junto com a merda.

Cada nova linha é um começo e não tem nada a ver com as linhas que a precederam. Todos começamos como novos, a cada vez. E, é claro, isto não tem nada de sagrado. O mundo pode viver muito mais facilmente sem livros do que sem encanamentos. E alguns lugares do mundo quase não têm nenhum dos dois. É claro, preferia viver sem encanamento, mas preciso dele porque estou doente.

Não há nada que impeça um homem de escrever, a não ser que ele impeça a si mesmo. Se um homem quer realmente escrever, ele o fará. A rejeição e o ridículo apenas lhe darão mais força. E quanto mais for reprimido, mais forte ele se torna, como uma massa de água forçando um dique. Não há perdas em escrever; faz seus dedos do pé rirem enquanto você dorme; faz você andar como um tigre; ilumina seus olhos e coloca você frente a frente com a Morte. Você vai morrer como um lutador, será reverenciado no inferno. A sorte da palavra. Vá com ela, mande-a. Seja o Palhaço nas Trevas. É engraçado. É engraçado. Mais uma linha...

26/09/91   **23:36**

Um título para o novo livro. Fiquei sentado no hipódromo tentando pensar em um. Este é um lugar onde se pode pensar. Suga seu cérebro e seu espírito. É um chupar de pau até esgotar, é isso que aquele lugar é. E não tenho dormido bem à noite. Alguma coisa está roubando a minha energia.

Vi o solitário hoje no hipódromo. "Como vai, Charles?" "Tudo bem", disse pra ele e me afastei. Ele quer camaradagem. Quer falar sobre coisas. Cavalos. Você não fala sobre cavalos. É a ÚLTIMA coisa sobre a qual você fala. Alguns páreos já passaram e o flagrei me olhando por cima da máquina de apostas automáticas. Coitado. Fui pra fora, me sentei e um guarda começou a falar comigo. Bom, são chamados de seguranças. "Estão mudando o placar", disse ele. "É", respondi. Tinham tirado a coisa do chão e a estavam mudando mais para o oeste. Bom, tinham feito gente trabalhar. Eu gostava de ver homens trabalhando. Achei que o segurança estava falando comigo para descobrir se eu era louco ou não. Provavelmente, não era por isso. Mas fiquei com essa ideia. Deixo que as ideias saltem de mim assim. Cocei minha barriga e fingi ser um cara velho e legal. "Vão voltar a encher os lagos", eu disse. "É", ele disse. "Este lugar costumava se chamar o Hipódromo dos Lagos e das Flores." "É mesmo?", disse ele. "É", contei a ele, "havia um concurso da Garota Ganso. Escolhiam uma garota ganso e ela saía de barco, remando entre os gansos. Uma tarefa bem chata." "É", disse o guarda. Ele ficou lá parado. Me levantei. "Bom", eu disse, "vou pegar um café. Não se canse." "Claro", disse ele, "boa sorte." "Pra você também, cara", disse eu. Daí, me afastei.

Um título. Minha cabeça estava vazia. Estava ficando frio. Sendo macaco velho, achei melhor pegar meu casaco. Desci pela escada rolante do 4º andar. Quem inventou a escada rolante? Degraus que se movem. E depois falam de loucura. Pessoas subindo e descendo em escadas rolantes, elevadores, dirigindo carros, tendo portas de garagem que se abrem ao tocar de um botão. Depois elas vão para as academias queimar a gordura. Daqui a 4.000 anos, não teremos pernas, nos arrastaremos sobre nossas bundas, ou talvez só rolemos como tumbleweeds[3]. Cada espécie destrói a si mesma. O que matou os dinossauros foi que eles comeram tudo à sua volta e depois tiveram que comer uns aos outros e com isso só restou um e o filho da puta morreu de fome.

Desci até o meu carro, peguei o casaco, vesti-o e subi as escadas rolantes de volta. Isso me fez sentir mais como um playboy, um gigolô – saindo do lugar e depois voltando. Me

---

3. *Tumbleweeds*: arbusto seco que rola com o vento pelos desertos. (N. da T.)

senti como se tivesse consultado alguma fonte secreta especial.

Bem, fiz as apostas, tive alguma sorte. Lá pelo 13º páreo, ficou escuro e começou a chover. Apostei dez minutos antes e fui embora. O trânsito apavora os motoristas de L.A. Entrei na freeway atrás de um mar de lanternas vermelhas. Não liguei o rádio. Queria silêncio. Um título me passou pela cabeça: *Bíblia para os desencantados*. Não, não é bom. Lembrei de alguns dos melhores títulos. Quero dizer, de outros escritores. *Curve-se à madeira e às pedras*. Grande título, péssimo escritor. *Notas do underground*. Grande título. Grande escritor. Também, *O coração é um caçador solitário*. Carson McCullers, um escritor muito subestimado. De todas as minhas dezenas de títulos, o que mais gostei foi *Confissões de um homem insano o suficiente para viver com bestas*. Mas gastei esse em um pequeno panfleto mimeografado. Azar.

Então, a freeway entupiu e eu fiquei lá, sentado. Nenhum título. Minha cabeça estava vazia. Tive vontade de dormir por uma semana. Fiquei contente por ter colocado as latas de lixo na rua. Estava cansado. Agora não preciso mais fazer isso. Latas de lixo. Uma noite dormi, bêbado, em cima de latas de lixo. New York City. Fui acordado por um enorme rato sentado na minha barriga. Nós dois, de uma só vez, pulamos quase um metro pra cima. Eu estava tentando ser um escritor. Hoje, eu deveria ser um e não consegui pensar num título. Eu era uma fraude. O trânsito começou a se movimentar e fui atrás. Ninguém sabia o que os outros eram e isso era ótimo. Então, um grande raio caiu sobre a freeway e, pela primeira vez naquele dia, me senti muito bem.

30/09/91 **23:36**

Assim, depois de alguns dias de cabeça vazia, acordei esta manhã e havia um título, surgiu enquanto eu dormia: *Poemas da Última Noite da Terra*. Era adequado ao conteúdo, poemas sobre o fim, doença e morte. Misturados com outros, é claro. Talvez um pouco de humor. Mas o título funciona para este livro e para esta vez. Quando você consegue um título, ele engloba tudo, os poemas encontram sua ordem. E eu gosto do título. Se visse um livro com um título assim, o pegaria e tentaria ler algumas páginas. Alguns títulos exageram para chamar a atenção. Não funcionam, porque a mentira não funciona.

Bom, terminei isto. E agora? De volta à novela e mais poemas. O que aconteceu com o conto? Me abandonou. Existe uma razão, mas eu não sei qual é. Se pensasse bem nisso, poderia encontrar a razão, mas pensar nisso não ajudaria em nada. Isto é, esse tempo poderia ser usado para a novela ou o poema. Ou para cortar minhas unhas dos pés.

Sabe, alguém deveria inventar um alicate decente para as unhas do pé. Tenho certeza de que pode ser feito. Os que eles nos dão são totalmente desajeitados e decepcionantes. Li que um marginal tentou assaltar uma loja de bebidas com um alicate de unha do pé. Também não funcionou. Como Dostoievsky cortava suas unhas do pé? Van Gogh? Beethoven? Cortavam? Não acredito. Eu costumava deixar que Linda fizesse isso. Ela fazia um trabalho excelente – só de vez em quando tirava um pedaço de carne. Eu já senti dor o suficiente. De qualquer tipo.

Sei que vou morrer logo e isso me parece estranho. Sou egoísta, gostaria de continuar a escrever mais palavras. Isso me dá um brilho, me joga no ar dourado. Mas, na verdade, por quanto tempo posso continuar ainda? Não é certo continuar. Diabos, de qualquer forma, a morte é a gasolina no tanque. Nós precisamos dela. Eu preciso. Você precisa. Nós emporcalhamos o lugar se demorarmos demais.

A coisa mais estranha, acho, depois que as pessoas morrem, é olhar os seus sapatos. É a coisa mais triste. É como se a maior parte da sua personalidade permanecesse em seus sapatos. As roupas, não. Está nos sapatos. Ou num chapéu. Ou num par de luvas. Pegue uma pessoa que recém morreu. Coloque seu chapéu, suas luvas e seus sapatos na cama, olhe para eles e você enlouquece. Não faça isso. De qualquer forma, agora elas sabem algo que você não sabe. Talvez.

Último dia de corridas hoje. Fiz o jogo entre hipódromos no Hollywood Park, apostando no Fairplex Park. Apostei em todos os 13 páreos. Tive um dia de sorte. Saí totalmente rejuvenescido e fortalecido. Nem mesmo me senti de saco cheio lá hoje. Me senti lépido e faceiro.

Quando você está bem, é ótimo. Você repara nas coisas. Como quando, dirigindo de volta, você repara no volante do seu carro. O painel de instrumentos. Você se sente como numa maldita espaçonave. Você costura no trânsito, elegantemente, não grosseiramente – medindo distâncias e velocidades. Coisa idiota. Mas não hoje. Você está por cima e fica por cima. Que estranho. Mas você não luta contra isso. Porque você sabe que não vai durar. Dia livre amanhã. Corrida de Oaktree, 2 de outubro. As corridas não param, milhares de cavalos correndo. Tão sensatos quanto as marés, parte deles.

Até percebi um carro da polícia me seguindo na Harbor Freeway sul. A tempo. Diminuí para 90. De repente, ele ficou para trás. Mantive os 90. Eles quase me pegaram a 120. Eles odeiam os Acura. Fiquei nos 90. Por cinco minutos. Passaram por mim a mais de 120. Adeus, amigo. Odeio ser multado, como todo mundo. Você tem que usar o espelho retrovisor o tempo todo. É simples. Mas é provável que você acabe sendo pego. E quando for, agradeça por não estar bêbado ou carregando drogas. Se você não estiver. De qualquer forma, já foi multado.

E agora estou aqui em cima com o Macintosh e há um maravilhoso espaço à minha frente. Música horrível no rádio, mas não se pode esperar um dia 100 por cento. Se conseguir 51, você ganhou. Hoje foi um 97.

Vejo que Mailer escreveu uma enorme novela nova sobre a CIA e etc. Norman é um escritor profissional. Uma vez, perguntou à minha mulher: "O Hank não gosta dos meus livros, não é?". Norman, poucos escritores gostam do trabalho dos outros escritores. Eles só gostam deles quando morrem ou se já morreram há muito tempo. Os escritores só gostam de cheirar a própria merda. Sou um desses. Não gosto nem mesmo de falar com escritores, de vê-los ou, pior, de ouvi-los. E o pior é beber com eles, se babam todos, realmente são lamentáveis, parece que estão procurando pela asa da mãe.

Prefiro pensar sobre a morte do que sobre escritores. Muito mais agradável.

Vou desligar esse rádio. Os compositores às vezes estragam tudo. Se eu tivesse que falar com alguém, acho que preferiria muito mais um cara que conserta computadores ou um agente funerário. Com bebida ou sem bebida. De preferência, com.

02/10/91 **23:03**

A morte vem para aqueles que esperam e aqueles que não esperam. Dia escaldante, hoje, maldito dia escaldante. Saí do correio e meu carro não pegou. Bom, eu sou um cidadão decente. Sou membro do Auto Club. Assim, precisei de um telefone. Há 40 anos, havia telefones em todo lado. Telefones e relógios. Você sempre podia olhar para o lado e ver que horas eram. Isto não existe mais. Não há mais hora grátis. E os telefones públicos estão desaparecendo.

Fui por instinto. Fui ao correio, desci uma escada e lá, num canto escuro, sozinho e sem ser anunciado, estava um telefone. Um telefone sujo e grudento. Não havia outro num raio de três quilômetros. Sabia como fazer um telefone funcionar. Talvez. Informações. A voz da telefonista surgiu e achei que estava salvo. Era uma voz calma e entendiada e me perguntou que cidade eu queria. Disse a cidade e o autoclube. (Você tem que saber como fazer as pequenas coisas e você tem que fazê-las sem parar ou está morto. Morto nas ruas. Ignorado, indesejável.) A moça me deu um número, mas era o número errado. Do escritório. Depois consegui a oficina. Uma voz de macho, calma, cansada, mas combativa. Maravilhoso. Dei a ele a informação. "30 minutos", ele disse.

Voltei ao carro, abri uma carta. Era um poema. Cristo. Era sobre mim. E ele. Nos encontramos, parece, duas vezes, há 15 anos. Ele também tinha me publicado em sua revista. Eu era um grande poeta, ele disse, mas eu bebia. E tinha vivido uma vida desgraçada e marginal. Hoje, os jovens poetas bebiam e viviam vidas miseráveis e marginais porque eles achavam que era assim que se fazia. Também, que eu tinha atacado outras pessoas em meus poemas, inclusive ele. E que eu tinha imaginado que ele tinha escrito poemas desfavoráveis sobre mim. Não é verdade. Ele era uma pessoa legal, disse que tinha publicado vários outros poetas em sua revista, por 15 anos. E eu não era uma pessoa legal. Eu era um grande escritor, mas não uma pessoa legal. E ele nunca teria se "amigado" comigo. Foi isso que ele escreveu: "amigado". E ele escrevia "vosê" o tempo todo em vez de "você"... A ortografia dele não era boa.

Estava quente dentro do carro. Fazia 39 graus, o primeiro de outubro mais quente desde 1906.

Eu não ia responder à sua carta. Ele escreveria de novo.

Outra carta de um agente, contendo o trabalho de um escritor. Dei uma olhada. Ruim. É claro. "Se você tiver qualquer sugestão sobre seu texto ou qualquer dica de publicação, gostaríamos muito..."

Outra carta de uma senhora me agradecendo por eu ter escrito algumas linhas ao seu marido e feito um desenho por sua sugestão, que isto o tinha deixado muito feliz. Mas agora estavam divorciados e ela estava fazendo trabalhos *free lance* e ela poderia vir e me entrevistar?

Duas vezes por semana recebo pedidos de entrevistas. Não há muito o que dizer. Existem muitas coisas para se escrever, mas não para se falar.

Lembro de uma vez, nos velhos tempos, de um jornalista alemão que me entrevistou. Enchi-o de vinho e falamos por quatro horas. Depois disso, ele se inclinou para frente, bêbado, e disse: "Não sou um jornalista. Só queria uma desculpa para te ver"...

Joguei as cartas de lado e fiquei sentado esperando. Daí vi o caminhão-guincho. Um cara jovem e sorridente. Um garoto legal. Claro.

"EI, GAROTO!", gritei, "AQUI!"

Ele deu uma ré, saí do carro e contei o problema.

"Me reboca até a oficina Acura", disse para ele.

"O carro ainda está na garantia?", perguntou.

Ele sabia muito bem que não estava. Estávamos em 1991 e eu estava dirigindo um modelo 1989.

"Não interessa", disse eu, "me reboca até a loja Acura."

"Eles vão levar um tempão para consertar, talvez uma semana."

"Claro que não, eles são bem rápidos."

"Escute", disse o garoto, "temos nossa própria oficina. Podemos levar o carro lá, talvez consertá-lo hoje. Se não, nós te registramos e telefonamos assim que possível."

Naquele momento, visualizei meu carro na sua oficina por uma semana. Pra me dizerem que eu precisava de um novo eixo excêntrico. Ou fixar as cabeças de cilindro.

"Me reboca para a Acura", eu disse.

"Espere", disse o garoto. "Tenho que ligar para o chefe primeiro."

Esperei. Ele voltou.

"Ele disse pra fazer pegar no tranco."

"O quê?"

"Pegar no tranco."

"Tudo bem. Vamos lá."

Entrei no meu carro e deixei que escorregasse até o caminhão. Ele me puxou um pouco e o carro deu a partida imediatamente. Assinei os papéis e ele foi embora e eu fui embora...

Então, decidi deixar o carro na oficina da esquina.

"Nós conhecemos você. Você tem vindo aqui há anos", disse o gerente.

"Legal", disse eu, e sorri: "Então, não me sacaneiem."

Ele só me olhou.

"Nos dê 45 minutos."

"Tudo bem."

"Precisa de uma carona?"

"Claro."

Apontou. "Ele te leva."

Um garoto legal parado ali. Fomos até o carro dele. Dei o endereço a ele. Subimos a colina.

"Você ainda está fazendo filmes?", me perguntou.

Eu era uma celebridade, sabe.

"Não", eu disse. "Foda-se Hollywood."

Ele não entendeu aquilo.

"Pare aqui", eu disse.

"Ei, esta casa é grande."

"Eu só trabalho aqui", disse eu.

Era verdade.

Saí do carro. Dei dois dólares a ele. Ele protestou, mas ficou com eles.

Andei pelo caminho da entrada. Os gatos estavam espalhados por ali, esgotados. Na minha próxima vida, quero ser um gato. Dormir 20 horas por dia e esperar ser alimentado. Sentar por aí lambendo meu cu. Os humanos são desgraçados demais, irados demais, obcecados demais.

Fui pra cima e sentei na frente do computador. É o meu novo consolador. Meu trabalho dobrou em potência e produção desde que o comprei. É uma coisa mágica. Sento na frente dele como a maioria das pessoas senta na frente dos seus aparelhos de TV.

"É só uma máquina de escrever melhorada", me disse meu genro uma vez.

Mas ele não é um escritor. Ele não sabe o que é quando as palavras surgem no espaço, brilham na luz, quando os pensamentos que vêm na sua cabeça podem ser seguidos imediatamente por palavras, que encorajam mais pensamentos e mais palavras a seguir. Com uma máquina de escrever, é como caminhar na lama. Com um computador, é como patinar no gelo. É uma rajada brilhante. Claro, se não há nada dentro de você, não importa. E depois tem o trabalho de limpeza, as correções. Diabos, eu costumava escrever tudo duas vezes. A primeira, para colocar as ideias, e a segunda, para corrigir os erros. Assim, é uma vez só para o divertimento, a glória e a fuga.

Imagino qual será o próximo passo depois do computador. Provavelmente, você só apertará os dedos nas têmporas e sairá esse monte de palavras perfeitas. É claro, você terá que encher o tanque antes de começar, mas tem sempre os sortudos que conseguem fazer isso. Espero.

O telefone tocou.

"É a bateria", ele disse, "você precisava de uma bateria nova."

"E se eu não puder pagar?"

"Daí vamos ficar com a sua estepe."

"Já vou aí."

E assim que comecei a descer a ladeira, ouvi meu vizinho idoso. Estava gritando para mim. Subi a escadaria da sua casa. Ele estava vestido com calças de pijama e um velho abrigo cinza. Fui até ele e o cumprimentei com um aperto de mãos.

"Quem é você?", perguntou.

"Sou seu vizinho. Moro aqui há dez anos."

"Tenho 96 anos", disse ele.

"Eu sei, Charley."

"Deus não quer me levar porque Ele tem medo que eu fique com o emprego dele."

"Você poderia."

"Poderia ficar com o trabalho do Diabo, também."

"Poderia."

"Quantos anos *você* tem"?

"71."

"71?"

"É."

"Isso é ser velho também."

"É, eu sei, Charley."

Apertamos as mãos e desci as escadas e depois ladeira abaixo, passando pelas plantas cansadas, pelas casas cansadas.

Eu estava a caminho do posto de gasolina.

Mais um dia chutado no traseiro.

03/10/91 **23:56**

Hoje foi o segundo dia de apostas entre hipódromos. Em Oak Tree, onde os cavalos estavam correndo ao vivo, com transmissão pela TV, havia apenas 7.000 pessoas. Muita gente não quer dirigir aquele longo caminho até Arcadia. Para aqueles que vivem na parte sul da cidade, isto significa tomar a Harbor Freeway, depois a Pasadena Freeway e depois disso mais um tempo nas ruas da cidade para chegar ao hipódromo. É um caminho longo e quente, para ir e voltar. Sempre chego totalmente exausto.

Um escovador me ligou. "Não havia ninguém lá. É o fim. Preciso de um novo emprego. Acho que vou comprar um processador de texto e me tornar um escritor. Vou escrever sobre você..."

Sua voz estava na secretária eletrônica. Telefonei de volta pra ele e o cumprimentei por ter chegado em 2º numa aposta 6 pra 1. Mas ele estava de cara.

"O escovador está acabado. É o fim", disse ele.

Bom, veremos quantos vão aparecer amanhã. Sexta. Provavelmente mais uns mil. Não são as apostas entre hipódromos, é a economia. As coisas estão piores do que o governo ou a imprensa admitem. Aqueles que ainda estão vivos na economia se calam. Imagino que o maior negócio é a venda de drogas. Diabos, acabem com isso e quase todos os jovens vão ficar desempregados. Eu ainda sobrevivo como escritor, mas isto pode acabar da noite para o dia. Bem, ainda tenho minha pensão de idoso: US$ 943,00 por mês. Eles me deram isso quando fiz 70 anos. Mas isso também pode terminar. Imaginem todos os velhos perambulando pelas ruas sem as suas pensões. Não ignorem esta possibilidade. A dívida nacional pode nos puxar para baixo como um polvo gigante. As pessoas vão estar dormindo nos cemitérios. Ao mesmo tempo, há uma crosta de ricos que vivem acima da podridão. Isto não é incrível? Algumas pessoas têm tanto dinheiro que nem mesmo sabem quanto têm. E estou falando de milhões. E olhe para Hollywood, lançando filmes de 60 milhões de dólares, tão idiotas quantos os pobres bobos que vão assisti-los. Os ricos ainda estão lá, sempre encontram uma forma de mamar no sistema.

Lembro de quando os hipódromos estavam cheios de pessoas, ombro a ombro, bunda a bunda, suando, gritando, se empurrando até os bares lotados. Era uma época boa. Se o dia fosse bom, você encontrava uma mulher no bar e, naquela noite em seu apartamento, vocês dois estariam bebendo e rindo. Achávamos que aqueles dias (e noites) nunca terminariam. E por que deveriam? Amassos nos estacionamentos. Jogos de pulso. Bravatas e glória.

Eletricidade. Diabos, a vida era boa, a vida era divertida. Todos nós éramos homens, não levávamos desaforo de ninguém. E, francamente, era bom. Trago e uma trepada. E muitos bares, bares lotados. Sem TV. Você falava e arranjava confusão. Se prendiam você por estar bêbado na rua, eles só deixavam você preso durante a noite para passar a bebedeira. Você perdia empregos e encontrava outros. Não havia por que ficar no mesmo lugar. Que época! Que vida! Loucuras estavam sempre acontecendo, seguidas por outras loucuras.

Hoje, as coisas estão em banho-maria. Sete mil pessoas em um grande hipódromo numa tarde ensolarada. Ninguém no bar. Apenas um solitário barman segurando uma toalha. Onde estão as pessoas? Há mais pessoas do que nunca, mas onde estão elas? Paradas numa esquina, sentadas numa sala. O Bush pode ser reeleito porque ganhou uma guerra fácil. Mas ele não fez nada pela economia. Você nem mesmo sabe se seu banco vai abrir amanhã. Não quero ficar me lamentando. Mas você sabe, nos anos 30 pelo menos todo mundo sabia onde estava. Hoje, é um jogo de espelhos. E ninguém tem bem certeza do que o sustenta. Ou para quem estão trabalhando na verdade. Se estiverem trabalhando.

Merda, tenho que sair disso. Ninguém parece estar se importando com o estado de coisas. Ou, se está, está em algum lugar que ninguém consegue ouvi-lo.

E eu fico por aí escrevendo poemas, uma novela. Não posso evitar, não consigo fazer outra coisa.

Fui pobre por 60 anos. Agora, não sou rico nem pobre.

No hipódromo, vão começar a despedir pessoas nos guichês, nos estacionamentos, na administração e na manutenção. Vão diminuir os prêmios. Pistas menores. Menos jóqueis. Muito menos riso. O capitalismo sobreviveu ao comunismo. Hoje, ele se devora a si mesmo. A caminho do ano 2000. Estarei morto e fora daqui. Deixando minha pequena pilha de livros. Sete mil no hipódromo. Sete mil. Não acredito. A Sierra Madre chora no nevoeiro. Quando os cavalos não correrem mais, o céu cairá, chato, amplo, maciço, esmagando tudo. Glassware ganhou o 9º, pagou US$ 9,00. Tinha apostado dez nele.

09/10/91   12:07

A aula de computação foi um chute no saco. Você anda centímetro por centímetro e tenta entender o todo. O problema é que os livros falam de um jeito e algumas pessoas, o oposto. A terminologia se torna lentamente compreensível. O computador só *faz*, ele não *sabe*. Você pode confundi-lo e ele se voltar contra você. Depende de você se dar bem com ele. Mesmo assim, o computador pode ficar louco e fazer coisas estranhas. Pega vírus, entra em curto, congela etc. De alguma forma, esta noite, acho que quanto menos eu falar sobre o computador, melhor.

O que será que aconteceu com aquele repórter francês maluco que me entrevistou em Paris tempos atrás? Aquele que bebia uísque como a maioria das pessoas bebe cerveja? E ele ficava mais inteligente e interessante à medida que as garrafas se esvaziavam. Provavelmente morto. Eu costumava beber 15 horas por dia, mas em geral era vinho e cerveja. Eu deveria estar morto. Vou estar morto. Nada mal, pensando nisso. Tive uma existência estranha e confusa, em grande parte horrível, baixaria total. Mas acho que foi a *forma* com que me arrastei pela merda que fez a diferença. Hoje, olhando pra trás, acho que exibi certa compostura e classe, independentemente do que estava acontecendo. Lembro de como os caras do FBI estavam putos comigo na viagem de carro. "EI, ESSE CARA ESTÁ CALMO DEMAIS", gritou um deles, furioso. Eu não tinha perguntado por que tinham me pegado ou para onde estávamos indo. Não me importava. Apenas mais uma fatia da falta de sentido da vida. "AGORA, ESPEREM", disse a eles. "Estou com medo." Isso pareceu fazer com que se sentissem melhor. Para mim, eles eram como criaturas do espaço sideral. Não conseguíamos nos relacionar. Mas era estranho. Eu não sentia nada. Bom, não era exatamente estranho para mim, quero dizer que era estranho no sentido comum. Eu via apenas mãos, pés e cabeças. Eles tinham decidido alguma coisa, dependia deles. Eu não buscava justiça ou lógica. Nunca busquei. Talvez seja por isso que nunca escrevi nada de protesto social. Para mim, a estrutura toda nunca fez nenhum sentido, seja o que fosse que fizessem com ela. Na verdade, você não pode tornar alguma coisa boa se essa coisa não existe. Aqueles caras queriam que eu demonstrasse medo, estavam acostumados a isso. Eu só estava de cara.

Aqui vou para a aula de computação. Mas é para o meu bem, brincar com as palavras, meu único brinquedo. Só meditando aqui hoje à noite. A música clássica no rádio não está muito boa. Acho que vou desligar e me sentar um pouco com minha mulher e os gatos. Nunca pressione, force a palavra. Diabos, não há disputa e, certamente, pouquíssima competição. Pouquíssima.

14/10/91   12:47

É claro, há alguns tipos estranhos no hipódromo. Tem um cara que está lá quase todos os dias. Parece que ele nunca ganha um páreo. Depois de cada páreo, ele grita, espantado com o cavalo que ganhou. "É UMA MERDA!", ele grita. E depois continua falando aos berros que o cavalo nunca deveria ter ganho. Pelo menos por uns bons cinco minutos. Muitas vezes, o cavalo devolve a pule em 3, 2, 5. Bem, um cavalo desses deve mostrar alguma coisa, ou as apostas seriam muito mais altas. Mas para este senhor, isso não faz sentido. E que ele não perca um *photochart*. Daí, ele vem fundo. "QUE DEUS SE FODA! ELE NÃO PODE FAZER ISSO COMIGO!" Não tenho ideia de por que ele não é barrado no hipódromo.

Uma vez, perguntei a um outro cara: "Escute, como esse cara se sustenta?". Eu o tinha visto falando com ele algumas vezes.

"Ele pede dinheiro emprestado", me disse.

"Mas ele não fica sem agiotas?"

"Ele descobre novos. Você sabe qual a sua expressão favorita?"

"Não."

"A que horas o banco abre de manhã?"

Acho que ele só quer estar no hipódromo, de alguma forma, só estar lá. Significa algo

"QUE DEUS SE FODA! ELE NÃO PODE FAZER ISSO COMIGO!"

para ele, mesmo que ele continue a perder. É o lugar onde estar. Um sonho louco. Mas lá é chato. Um lugar confuso. Todo mundo acha que só eles sabem a resposta. Estúpidos egos perdidos. Sou um deles. Só que, para mim, é um passatempo. Acho. Espero. Mas existe alguma coisa lá, mesmo que por um curto período de tempo, muito curto, um instante, como quando meu cavalo está correndo e depois ganha. Eu vejo isso acontecendo. Há uma animação, uma subida. A vida quase faz sentido quando os cavalos fazem o que você pediu. Mas os intervalos são muito chatos. Pessoas de pé por ali. Perdedores, na maioria. Começam a parecer secos como pó. São sugados até secarem. Mas, sabe, quando me forço a ficar em casa, começo a me sentir muito inquieto, doente, inútil. É estranho. As noites são sempre razoáveis, eu escrevo à noite. Mas tenho que me livrar dos dias. Também sou doente, de certa forma. Não estou enfrentando a realidade. Mas quem, diabos, quer fazer isso?

    Isso me lembra uma vez que fiquei naquele bar em Filadélfia das cinco da manhã até as duas da manhã seguinte. Parecia ser o único lugar onde eu poderia estar. Muitas vezes, nem mesmo me lembrava de ir ao meu quarto e voltar. Parecia que eu estava sempre no banco do bar. Eu estava fugindo da realidade. Não gostava dela.

    Talvez, para esse cara, o hipódromo seja o que o bar era para mim.

    Tudo bem, me diga alguma coisa útil. Ser um advogado? Um médico? Um deputado? Isto também é uma bosta. Acham que não é uma bosta, mas é. Estão trancados num sistema e não conseguem sair. E quase todo mundo não é muito bom no que faz. Não importa, estão no casulo seguro.

Foi meio engraçado lá hoje. Estou falando do hipódromo de novo.

O Gritão Maluco estava lá, como sempre. Mas havia um outro cara, você podia ver que havia algo errado com seus olhos. Eles pareciam furiosos. Ele estava parado ao lado do Gritão, escutando. Então, ele ouviu as dicas do Gritão para o páreo seguinte. O Gritão era bom nisso. E, evidentemente, Olhos Furiosos estava apostando nas dicas do Gritão.

O dia foi passando. Estava saindo do banheiro e então vi e ouvi. Olhos Furiosos estava berrando para o Gritão: "*Vá se foder, cale a boca! Vou te matar!*". O Gritão virou de frente e saiu caminhando e dizendo: "Por favor... Por favor...", de uma forma muito exaustiva e repugnante. Olhos Furiosos o seguiu: "SEU FILHO DA PUTA! VOU TE MATAR!".

A segurança chegou, interceptou Olhos Furiosos e o levou embora. Evidentemente, mortes não seriam toleradas no hipódromo.

Pobre Gritão. Ficou quieto o resto do dia. Mas ficou até o fim. Apostar, é claro, pode te comer vivo.

Tive uma namorada que me disse uma vez: "Você está realmente em péssimo estado, vá aos Alcoólicos Anônimos e aos Jogadores Anônimos ao mesmo tempo". Mas, na verdade, ela não se importava com nenhuma destas coisas, só quando interferiam com os exercícios de cama. Daí, ela as odiava.

Lembro de um amigo meu que era um jogador total. Uma vez, ele me disse: "Não me importo se ganho ou se perco, só quero apostar".

Não sou assim, estive nas Filas de Sopa dos Indigentes por vezes demais. Não ter dinheiro nenhum só tem uma leve pincelada de romantismo quando você é muito jovem.

De qualquer forma, o Gritão estava lá de novo no dia seguinte. A mesma coisa: vociferou contra os resultados de cada páreo. De certa forma, é um gênio, porque ele nunca escolhe um vencedor. Pense nisso. É uma coisa muito difícil de fazer. Quero dizer, mesmo se você não sabe nada, você pode só escolher um número, qualquer número, digamos três. Você pode apostar no três por dois ou três dias e é possível que finalmente consiga um vencedor. Mas esse cara, não. Ele é uma maravilha. Sabe tudo de cavalos, tempos, variantes da pista, ritmo, classe etc., mas ainda assim consegue escolher apenas os perdedores. Pense nisso. Depois esqueça, se não você vai enlouquecer.

Ganhei US$ 275 hoje. Comecei a jogar em cavalos tarde, quando tinha 35 anos. Estou com eles há 36 anos e acho que eles ainda me devem US$ 5.000. Se os deuses me derem mais uns oito ou nove anos, morrerei empatado.

Bem, essa é uma meta que vale a pena perseguir, não acham?

Hem?

15/10/91 **00:55**

Demolido. Umas duas noites bebendo esta semana. Tenho que admitir que não me recupero tão rápido como antes. A melhor coisa de estar cansado é que você não se sai (ao escrever) com nenhuma proclamação extravagante e maluca. Não que seja ruim, exceto se isso se tornar um hábito. A primeira coisa que se deve fazer ao escrever é salvar seu próprio rabo. Se fizer isso, automaticamente será gostoso, divertido.

Um escritor que conheço está ligando para as pessoas, dizendo que escreve cinco horas por noite. Imagino que tenhamos que ficar maravilhados com isso. Claro, será que vou ter que repetir pra vocês? O que interessa é *o que* ele está escrevendo. Será que ele conta o tempo que fala ao telefone como parte de suas cinco horas escrevendo?

Consigo escrever de uma a quatro horas, mas a quarta hora se esvai em quase nada. Conheci um cara que me disse uma vez: "Fodemos a noite toda". Não é o mesmo cara que escreve cinco horas por noite. Mas já se encontraram. Talvez devam se alternar, trocar. O cara que escreve por cinco horas fode a noite toda, e o cara que fode a noite toda escreve durante cinco horas. Ou talvez possam foder um ao outro enquanto outra pessoa escreve. Eu não, por favor. Que a mulher escreva. Se houver uma...

Humm... sabe, estou me sentindo um pouco idiota esta noite. Fico pensando em Máximo Gorky. Por quê? Não sei. De certa forma, parece que Gorky nunca existiu de verdade. É possível acreditar que alguns escritores realmente existiram. Como Turgueniev ou D. H. Lawrence. Acho que Hemingway está no meio do caminho. Ele estava lá de verdade, mas não estava. Mas Gorky? Ele escreveu algumas coisas fortes. Antes da Revolução. Depois da Revolução, sua obra começou a empalidecer. Não tinha muito do que falar mal. É como os que protestam contra a guerra, precisam de uma guerra para crescer. Algumas pessoas se deram bem protestando contra guerras. E quando não há uma guerra, elas não sabem o que fazer. Como durante a Guerra do Golfo. Havia um grupo de escritores, poetas; tinham planejado um enorme protesto contra a guerra, estavam prontos com seus poemas e seus discursos. De repente, a guerra terminou. E o protesto estava marcado para uma semana depois. Mas eles não cancelaram. Fizeram de qualquer forma. Porque queriam estar no palco. Precisavam disso. Foi algo como um índio fazendo a Dança da Chuva. Eu mesmo sou contra a guerra. Era contra a guerra há muito tempo atrás, quando isto não era nem mesmo uma coisa popular, decente e intelectual. Mas desconfio da coragem e dos motivos de muitos dos que protestam contra a guerra profissionalmente. De Gorky para isso, o quê? Deixe a cabeça divagar, quem se importa?

Outro bom dia no hipódromo. Não se preocupem, não estou ganhando todo o dinheiro. Geralmente, aposto US$ 10 ou US$ 20 para ganhar ou, quando acho que vou me dar muito bem, subo pra US$ 40.

Os hipódromos confundem ainda mais as pessoas. Eles têm dois caras na TV antes de cada páreo e falam sobre quem eles acham que vai ganhar. Mostram as probabilidades de cada corrida. Assim como todos os bookmakers, as barbadas e os serviços de apostas. Mesmo os computadores não conseguem determinar os cavalos, independentemente da quantidade de informações que é fornecida. Cada vez que você paga alguém para dizer a você o que deve fazer, você é um perdedor. E isto inclui seu psiquiatra, seu psicólogo, seu operador da bolsa de valores, seu professor e seu etc.

Não há nada que ensine mais do que se reorganizar depois do fracasso e seguir em frente. Mas a maioria das pessoas fica paralisada de medo. Elas têm tanto medo do fracasso que acabam fracassando. Estão condicionadas demais, acostumadas demais que digam o que devem fazer. Começa com a família, passa pela escola e entra no mundo dos negócios.

Veja, tenho alguns dias bons no hipódromo e, de repente, sei tudo.

Há uma porta aberta para a noite e estou sentado aqui, congelando, mas não vou me levantar e fechar a porta porque as palavras estão fugindo e gosto demais disso para parar.

Mas, merda, eu vou. Vou levantar, fechar a porta e mijar.

Pronto, já fiz. Ambas as coisas. Até pus um blusão. Velho escritor põe blusão, senta, sorri para a tela do computador e escreve sobre a vida. Seremos tão santos? E, meu Deus, você já pensou quanto mijo uma pessoa mija durante toda a vida? O quanto ela come, caga? Toneladas. Horrível. É melhor morrermos e sairmos daqui, estamos envenenando tudo com o que expelimos. As malditas dançarinas, elas também fazem isso.

Não há cavalos amanhã. Terça-feira é um dia de folga.

Acho que vou descer e sentar com minha mulher, ver um pouco da estúpida TV. Estou sempre no hipódromo ou nesta máquina. Talvez ela goste disso. Espero. Bem, aqui vou eu. Sou um cara legal, sabe? Descer. Deve ser estranho viver comigo. É estranho pra mim.

Boa noite.

20/10/91 **00:18**

    Esta é uma dessas noites em que não há nada. Imagine se fosse sempre assim. Vazio. Apático. Sem luz. Sem dança. Nem mesmo insatisfação.

    Assim, não se tem o bom senso de cometer suicídio. A ideia simplesmente não ocorre.

    Levantar. Coçar-se. Beber um pouco d'água.

    Me sinto como um cachorro vira-lata em julho, só que é outubro.

    Mesmo assim, tive um bom ano. Montes de páginas estão na prateleira atrás de mim. Escritas desde 18 de janeiro. É como um louco em liberdade. Ninguém são escreveria tantas páginas. É uma doença.

    Este ano também foi bom porque mantive os visitantes afastados, mais do que nunca. Só fui enganado uma vez. Um homem me escreveu de Londres, disse que tinha sido professor em Soweto. E quando leu um pouco de Bukowski para seus alunos, muitos demonstraram um grande interesse. Crianças africanas negras. Gostei daquilo. Sempre gostei de acontecimentos a distância. Mais tarde, esse homem me escreveu, dizendo que trabalhava para o *Guardian* e que gostaria de vir aqui me entrevistar. Pediu meu telefone, via correio, e eu dei a ele. Ele me ligou. Parecia legal. Combinamos uma data e uma hora e ele estava a caminho. Chegou a data e a hora e lá estava ele. Linda e eu oferecemos vinho e ele começou. A entrevista parecia legal, só meio excêntrica, estranha. Ele fazia uma pergunta, eu respondia e ele começava a falar de algumas experiências que teve, mais ou menos relacionando-as com a resposta que eu tinha dado. O vinho continuava rolando e a entrevista acabou. Continuamos bebendo e ele falou da África etc. Seu sotaque começou a mudar, a alterar e a ficar, acho, mais grosseiro. E ele parecia estar ficando cada vez mais burro. Começou a mudar bem na nossa frente. Entrou em sexo e ficou aí. Gostava de garotas negras. Eu disse que não conhecia muitas, mas que Linda tinha uma amiga mexicana. Foi o suficiente. Começou a falar do quanto gostava de garotas mexicanas. Ele tinha que conhecer essa garota mexicana. Era uma necessidade. Dissemos, bem, talvez. Ele continuou sem parar. Estávamos bebendo vinho, mas agia como se tivesse bebido uísque. Logo, se limitou a falar "Mexicana... Mexicana... onde está esta garota mexicana?" Ele se dissolveu completamente. Era apenas um bêbado de bar, babão e sem sentido. Disse a ele que a noite tinha terminado. Tinha que ir ao hipódromo no dia seguinte. Nós o empurramos para a porta. "Mexicana... mexicana", dizia.

"Você vai nos mandar uma cópia da entrevista, não é?", perguntei.

"É claro, é claro", disse ele. "Mexicana..."

Fechamos a porta e ele foi embora.

"Velho escritor põe blusão, senta, sorri para a tela do computador e escreve sobre a vida. Seremos tão santos?"

Tivemos que beber para tirá-lo da cabeça.

Isso foi meses atrás. O artigo jamais chegou. Ele não tinha nada a ver com o *Guardian*. Não sei se ele tinha ligado mesmo de Londres. Provavelmente, tinha ligado de Long Beach. As pessoas usam o truque da entrevista para entrar pela minha porta. E como geralmente não pagam por uma entrevista, qualquer um pode chegar e bater na porta com um gravador e uma lista de perguntas. Um cara com sotaque alemão veio uma noite com um gravador. Disse que pertencia a uma publicação alemã que tinha uma circulação de milhões. Ficou horas. Suas perguntas pareciam burras, mas eu me abri, tentei fazer com que a entrevista fosse animada e boa. Ele deve ter gravado umas três horas de fita. Bebemos, bebemos e bebemos. Logo, sua cabeça começou a cair pra frente. Fizemos que bebesse além da conta e estávamos prontos para seguir adiante. Nos divertimos muito. Sua cabeça caía sobre seu peito. Pequenas gotas de baba escorriam pelos cantos da boca. Eu o sacudia. "Ei! Ei! Acorde!" Despertou e me olhou. "Tenho que te falar uma coisa", disse ele. "Não sou um repórter, só queria vir aqui ver você."

Houve épocas em que fui um trouxa também para fotógrafos. Diziam que tinham conexões, mandavam amostras de seu trabalho. Vinham com suas telas, seus fundos, seus flashes e seus assistentes. E você nunca mais ouvia falar deles. Quero dizer, eles nunca mandavam nenhuma fotografia de volta. Nenhuma. São os maiores mentirosos. "Vou mandar uma série completa." Um cara disse: "Vou mandar pra você uma em tamanho natural". "Como assim?", perguntei. "Vou mandar uma foto 2 por 3 metros." Isso já faz uns dois anos.

Eu sempre disse que o trabalho do escritor é escrever. Se eu for queimado por todos esses fajutos e filhos da puta, é culpa minha. Vão puxar o saco da Elizabeth Taylor!

22/10/91　　　　　16:46

A vida perigosa. Tive que levantar às oito horas para dar comida para os gatos porque o cara da Segurança Westec vinha às oito e meia para começar a instalar um sistema mais sofisticado de alarme. (Era eu o cara que costumava dormir em cima de latas de lixo?)

A Segurança Westec chegou exatamente às oito e meia. Um bom sinal. Levei-o ao redor da casa mostrando janelas, portas etc. Bom, bom. Colocaríamos fios nelas, instalaríamos detectores para quebra de vidros, sensores baixos, sensores cruzados, aspersores para incêndio etc. Linda desceu e fez algumas perguntas. Ela é melhor nisso do que eu.

Me veio um pensamento: "Quanto tempo isso vai demorar?".

"Três dias", ele disse.

"Jesus Cristo", disse eu. (Dois desses dias o hipódromo estaria fechado.)

Assim, demos um tempo e o deixamos lá. Dissemos que já voltaríamos. Tínhamos um cheque-presente de US$ 100 no I. Magnin's que alguém tinha nos dado de presente de casamento. Eu também tinha que depositar um cheque de direitos autorais. Assim, ao banco. Assinei o cheque.

"Eu gostei muito da sua assinatura", disse a garota.

Outra garota veio e olhou a assinatura.

"A assinatura dele muda a toda hora", disse Linda.

"É que eu fico assinando meu nome nos livros", eu disse.

"Ele é um escritor", disse Linda.

"É mesmo? O que você escreve?", perguntou uma das garotas.

"Diz pra ela", falei para Linda.

"Ele escreve poemas, contos e novelas", ela disse.

"E fiz um filme", disse eu. "*Barfly.*"

"Ah", disse uma das garotas. "Eu vi."

"Você gostou"?

"Gostei", ela sorriu.

"Muito obrigado", falei.

Nos viramos e saímos.

"Ouvi uma das garotas dizer, quando entramos: 'Sei quem é aquele cara' ", disse Linda.

Viu? Somos famosos. Entramos no carro e fomos até o shopping center para comer alguma coisa perto do I. Magnin's.

Pegamos uma mesa, comemos sanduíche de peru e tomamos suco de maçã e capucinos. Da mesa, podia-se ver uma grande parte do shopping. O lugar estava virtualmente vazio. Os negócios não iam bem. Bem, tínhamos um cupom de cem dólares para gastar. Ajudaríamos a economia.

Eu era o único homem lá. Só havia mulheres nas mesas, sozinhas ou aos pares. Os homens estavam em outro lugar. Não me

"VINHAM COM SUAS TELAS, SEUS FUNDOS, SEUS FLASHES E SEUS ASSISTENTES. E VOCÊ NUNCA MAIS OUVIA FALAR DELES."

importei. Me sentia seguro com as mulheres. Estava descansando. Minhas feridas estavam cicatrizando. Podia aguentar um pouco de sombra. Imagine se eu pudesse pular abismos para sempre. Talvez depois de um descanso eu pudesse me jogar outra vez da beirada. Talvez.

Terminamos de comer e fomos ao I. Magnin's.

Eu precisava de camisas. Olhei as camisas. Não achei uma puta camisa. Parecia que tinham sido desenhadas para idiotas. Desisti. Linda precisava de uma bolsa. Encontrou uma, com desconto de 50%. Era US$ 395. Só que não parecia ser de US$ 395. Mais como $ 49,50. Desistiu. Havia duas cadeiras com cabeças de elefante no encosto. Legais. Mas custavam milhões. Havia um pássaro de vidro bonito, US$ 75, mas Linda disse que não tínhamos onde colocá-lo. A mesma coisa com o peixe de listras azuis. Estava ficando cansado. Olhar as coisas me deixou cansado. As lojas de departamentos me fadigam e deprimem. Não há nada nelas. Toneladas e toneladas de merda. Mesmo que fosse de graça, eu não levaria nada. Será que eles nunca vendem nada legal?

Decidimos que talvez um outro dia. Fomos à livraria. Eu precisava de um livro sobre o meu computador. Precisava saber mais. Encontrei um livro. Fui até um vendedor. Ele fez a nota. Paguei com cartão. "Muito obrigado", disse ele. "Poderia fazer a gentileza de assinar isso?" Ele me alcançou meu último livro. Bem, eu era famoso. Me reconheceram duas vezes no mesmo dia. Duas vezes era o suficiente. Três vezes ou mais e você teria problemas. Os deuses estavam fazendo tudo na medida pra mim. Perguntei seu nome, escrevi-o no livro, escrevinhei alguma coisa, meu nome e um desenho.

Paramos na loja de computadores no caminho de casa. Precisava de papel para a impressora a laser. Eles não tinham. Fiz uma banana para o vendedor. Me fez pensar nos velhos tempos. Ele me recomendou um lugar. Encontramos no caminho de casa. Encontramos tudo lá, com desconto. Comprei papel laser para os próximos dois anos e também envelopes para correspondência, canetas, clipes de papel. Agora, tudo o que eu tinha a fazer era escrever.

Chegamos em casa. O homem da segurança já tinha ido. O cara do telhado tinha vindo e ido embora. Deixou um bilhete: "Voltarei às quatro da tarde". Sabíamos que o cara do telhado não ia voltar às quatro. Era maluco. Uma infância ruim. Muito confuso. Mas bom com as telhas.

Levei as coisas para cima. Eu estava pronto. Eu era famoso. Eu era um escritor.

Sentei e liguei o computador. Abri os JOGOS IDIOTAS. Daí, comecei a jogar *Tao*. Estava ficando cada vez melhor nisso. Raramente perdia para o computador. Era mais fácil que apostar em cavalos, mas, de certa forma, não me satisfazia tanto. Bom, voltarei na quarta-feira. Apostar nos cavalos aperta os meus parafusos. É parte do esquema. Funciona. E eu tinha 5.000 folhas de papel para encher.

31/10/91   00:27

    Dia horrível no hipódromo, não tanto em dinheiro perdido, talvez até tenha ganho um pouco, mas a sensação lá estava horrível. Era como se eu estivessc perdendo tempo e, sabe, não me resta muito tempo. Os mesmos rostos, a mesma taxa de 18 por cento. Às vezes, me sinto como se estivéssemos todos presos num filme. Sabemos nossas falas, onde caminhar, como atuar, só que não há uma câmera. No entanto, não conseguimos sair do filme. E é um filme ruim. Conheço os funcionários dos guichês bem demais. Às vezes, conversamos um pouco enquanto faço as apostas. Gostaria de encontrar um funcionário indiferente, que simplesmente furasse minhas pules e não dissesse nada. No fim, todos se tornam sociáveis. Estão de saco cheio. E também estão em guarda: muitos dos jogadores são um pouco malucos. Com frequência, há brigas com os funcionários, sirenes soam alto e a segurança vem correndo. Falando conosco, os funcionários podem ter uma ideia sobre nós. Sentem-se mais seguros assim. Preferem o apostador amistoso.

    Para mim, os jogadores são mais fáceis. Os regulares sabem que sou algum tipo de louco e que não quero falar com eles. Estou sempre trabalhando em um novo sistema, muitas vezes mudo de sistema no meio do caminho. Estou sempre tentando fazer com que os números se encaixem ao redor da possibilidade real, tentando codificar a loucura em um simples número ou grupo de números. Quero entender a vida, acontecimentos na vida. Li um artigo que afirmava que já faz um longo tempo que, no xadrez, se acreditava que um rei, um bispo e uma torre eram iguais a um rei e dois cavalos. Uma máquina Los Alamos com 65.536 processadores foi colocada em funcionamento no programa. O computador solucionou o problema em cinco horas, depois de levar em conta 100 bilhões de jogadas, trabalhando para trás, a partir da posição de vitória. Descobriu que o rei, a torre e o bispo poderiam derrotar o rei e os dois cavalos em 223 jogadas. Isto foi absolutamente fascinante para mim. Certamente é melhor que o jogo tedioso, mesquinho de apostar em cavalos.

Acho que trabalhei demais na minha vida como trabalhador comum. Trabalhei como tal até os 50 anos. Aqueles desgraçados me acostumaram a ir a algum lugar todos os dias e ficar nesse lugar por muitas horas e depois voltar. Me sinto culpado de só ficar rolando por aí. Assim, me encontro no hipódromo, de saco cheio e, ao mesmo tempo, enlouquecendo. Reservo as noites para o computador ou para beber ou para ambos. Alguns dos meus leitores acham que adoro cavalos, que a ação me excita, que sou um apostador tarado, um machão. Recebo livros pelo correio sobre cavalos, corridas de cavalos, histórias sobre o hipódromo etc. Não dou a mínima pra isso. Vou ao hipódromo quase com relutância. Sou idiota demais para imaginar outro lugar para ir. Onde, onde, durante o dia? Os Jardins Suspensos? Um cinema? Diabos, me ajudem, não posso ficar sentado com senhoras e a maioria dos homens da minha idade morreu e, se não morreu, deveria estar morta, porque com certeza parecem mortos.

Tentei ficar longe do hipódromo, mas daí fico muito nervoso e deprimido e, de noite, não sobra gás para o computador. Acho que tirar a minha bunda daqui me força a olhar para a Humanidade, e quando você olha a Humanidade você TEM que reagir. É um excesso, um contínuo espetáculo de horrores. É, fico de saco cheio lá, aterrorizado aqui fora, mas também sou, até agora, um tipo de estudante. Um estudante do inferno.

Quem sabe? Daqui a alguns dias posso estar preso à cama. Vou ficar deitado, pintando sobre folhas de papel coladas na parede. Vou pintá-las com um longo pincel e provavelmente até goste disso.

Mas, nesse momento, são os rostos dos jogadores, rostos de papelão, rostos horríveis, maus, vazios, avarentos, moribundos, dia após dia. Rasgando suas pules, lendo seus vários jornais, olhando as alterações no placar à medida que são moídos, se tornando cada vez menores, enquanto eu fico lá com eles, como um deles. Somos doentes, o peixe-piolho da esperança. Nossas roupas pobres, nossos carros velhos. Nos movemos em direção à miragem, nossas vidas são desperdiçadas, como as de todo mundo.

> "DIA FROUXO. ENTREI NA PISCINA DE HIDROMASSAGEM COMO UM BOA-VIDA. O SOL ESTAVA BRILHANDO E A ÁGUA BORBULHAVA E FAZIA REDEMOINHOS, QUENTE. RELAXEI. POR QUE NÃO?"

03/11/91 **00:48**

Fiquei em casa em vez de ir ao hipódromo hoje. Estava com a garganta inflamada e uma dor no topo da cabeça, um pouco para o lado direito. Quando você chega aos 71 anos, nunca se pode adivinhar quando sua cabeça vai explodir através do para-brisa. Ainda vou atrás de uma boa bebedeira de vez em quando e fumo cigarros demais. O corpo fica puto da cara comigo quando faço isso, mas a mente também tem que ser alimentada. E o espírito. Beber alimenta minha mente e meu espírito. De qualquer forma, fiquei em casa, dormi até as 12:20.

Dia frouxo. Entrei na piscina de hidromassagem como um boa-vida. O sol estava brilhando e a água borbulhava e fazia redemoinhos, quente. Relaxei. Por que não? Dê um tempo. Tente se sentir melhor. O mundo inteiro é um saco de merda se rasgando. Não posso salvá-lo. Mas recebi muitas cartas de pessoas que disseram que meus livros salvaram suas vidas. Mas não escrevi para isso, escrevi para salvar a minha própria vida. Sempre estive por fora, nunca me adaptei. Descobri isso nos pátios das escolas. E outra coisa que aprendi foi que eu aprendia muito devagar. Os outros caras sabiam tudo; eu não sabia merda nenhuma. Tudo estava imerso numa luz branca e estonteante.

Eu era um idiota. No entanto, mesmo quando eu era um idiota, sabia que não era um idiota completo. Eu tinha algum cantinho de mim que estava protegendo, havia alguma coisa lá. Não importa. Aqui estava eu na piscina e minha vida estava terminando. Não me importava, já tinha visto o circo. Ainda assim, sempre haverá mais coisas para escrever até que me atirem na escuridão ou seja o que for. Isto é que é legal sobre a palavra, permanece indo em frente, buscando coisas, formando frases, se divertindo. Eu estava cheio de palavras e elas ainda saíam em boa forma. Eu tinha sorte. Na piscina. Garganta ruim, dor de cabeça, eu tinha sorte. Velho escritor na piscina, meditando. Legal, legal. Mas o inferno está sempre lá, esperando para se abrir.

Meu velho gato amarelo veio e me olhou na água. Olhamos um para o outro. Sabíamos tudo e nada. Daí, foi embora.

O dia continuou. Linda e eu almoçamos em algum lugar, não lembro onde. A comida não estava muito boa, cheio de pessoas de sábado. Estavam vivas, mas não estavam vivas. Sentadas nas mesas e nos reservados, comendo e falando. Espere, Jesus, isso me lembra alguma coisa. Almocei aqui outro dia antes de ir ao hipódromo. Sentei no balcão, estava completamente vazio. Fiz meu pedido e estava comendo. Homem entrou e sentou no banco BEM AO MEU LADO. Havia outros 20 ou 25 bancos vazios. Ele sentou no que estava ao meu lado. Não gosto tanto assim de pessoas. Quanto mais longe estou delas, melhor eu me sinto. Fez o pedido e começou a falar com a garçonete. Sobre futebol americano profissional. Eu mesmo vejo às vezes, mas falar disso num café? Eles falaram sem parar, tagarelaram sobre isso e aquilo. Sem parar. Jogador predileto. Quem deveria ganhar etc. Daí, alguém de um reservado entrou na conversa. Acho que não teria me incomodado tanto se não estivesse roçando os cotovelos com aquele desgraçado ao meu lado. Um bom tipo, com certeza. Ele gostava de futebol. Seguro. Americano. Sentado ao meu lado. Esqueça.

Então, sim, almoçamos, Linda e eu, voltamos e a tarde passou calma, e logo depois que escureceu a Linda reparou em alguma coisa. Ela era boa nesse tipo de coisa. Eu a vi voltando pelo pátio e ela disse: "O Velho Charlie caiu, os bombeiros estão lá".

O Velho Charlie é o cara de 96 anos que mora na grande casa ao lado da nossa. A mulher morreu na semana passada. Estavam casados há 47 anos.

Fui até a frente e lá estava o caminhão dos bombeiros. Havia um cara parado lá. "Sou vizinho do Charley. Ele está vivo?"

"Está", disse ele.

Era evidente que estavam esperando pela ambulância. O caminhão dos bombeiros tinha chegado antes. Linda e eu esperamos. A ambulância chegou. Foi estranho. Dois baixinhos saíram, pareciam muito pequenos. Ficaram lado a lado. Três caras do caminhão de bombeiros ficaram ao seu redor. Um deles começou a falar com os baixinhos. Ficaram ali e concordaram com a cabeça. Daí, aquilo acabou. Foram e pegaram a maca. Levaram-na pela longa escadaria até a casa.

Ficaram lá um tempão. Daí, saíram. O Velho Charley estava preso na maca. Quando estavam prontos para colocá-lo na ambulância, demos um passo à frente. "Aguenta firme, Charley", eu disse. "Estaremos esperando por você quando voltar", disse Linda.

"Quem são vocês?", Charley perguntou.

"Somos seus vizinhos", Linda respondeu.

Daí, foi colocado na ambulância e se foi. Um carro vermelho, com dois parentes, os seguiu.

Meu vizinho veio do outro lado da rua. Nos demos as mãos. Tomamos algumas bebedeiras juntos. Contei a ele sobre Charley. E estávamos todos chateados porque os parentes o deixavam muito tempo sozinho. Mas não havia muito que pudéssemos fazer.

"Vocês têm que ver a minha cachoeira", disse meu vizinho.

"Tudo bem", eu disse. "Vamos lá."

Atravessamos a rua, passamos por sua mulher, pelos filhos, saímos pela porta dos fundos para o pátio, passando pela piscina e, com certeza, lá no fundo, havia uma ENORME cachoeira. Subia toda uma escarpa e parte da água parecia estar saindo de um tronco de árvore. Era imensa. E construída de pedras lindas e enormes de cores diferentes. A água rugia, inundada de luzes. Era difícil de acreditar. Havia um operário lá, ainda trabalhando na cachoeira. Havia mais coisas a serem feitas.

Apertei a mão do operário.

"Ele leu todos os seus livros", meu vizinho disse.

"Tá brincando", eu disse.

O operário sorriu para mim.

Então, voltamos para a casa. Meu vizinho me convidou: "Que tal um copo de vinho?".

Disse para ele: "Não, obrigado". Daí expliquei sobre a garganta inflamada e a dor no topo da minha cabeça.

Linda e eu atravessamos a rua e voltamos para casa.

E, basicamente, foi isso sobre o dia e a noite.

22/11/91 **00:26**

Bem, meu 71º ano foi um ano muito produtivo. Provavelmente escrevi mais palavras este ano do que em qualquer ano da minha vida. E, apesar de um escritor ser um mau juiz do seu próprio trabalho, ainda tenho a tendência de acreditar que estou escrevendo melhor do que antes – quero dizer, tão bem quanto nos meus períodos de auge. Este computador, que comecei a usar em 18 de janeiro, tem muito a ver com isso. Simplesmente é mais fácil escrever, a palavra é transferida mais rápido do cérebro (ou de onde quer que venha) aos dedos e dos dedos ao monitor, onde fica visível imediatamente – nítida e clara. Não é uma questão de velocidade em si, é uma questão de fluxo, um rio de palavras e, se as palavras forem boas, deixe que elas fluam com facilidade. Chega de carbonos, chega de reescrever. Antes, eu precisava de uma noite para escrever e a noite seguinte para corrigir os erros e a bagunça da noite anterior. Erros de ortografia, de tempos verbais etc. podem agora ser todos corrigidos na cópia original sem ter que datilografar tudo de novo, escrever por cima ou rasurar. Ninguém gosta de ler uma cópia rabiscada, nem mesmo o escritor. Sei que tudo isso pode parecer frescura e excesso de zelo, mas não é, tudo o que faz é deixar que a força ou sorte que você possa ter criado surja claramente. É para seu bem, realmente, e se é assim que você perde sua alma, sou totalmente a favor.

Houve alguns momentos ruins. Lembro de uma noite, depois de escrever por umas quatro horas, que achei que tinha tido uma sorte incrível quando – bati em alguma coisa – houve uma descarga de luz azul e as várias páginas que tinha escrito desapareceram. Tentei de tudo para trazê-las de volta. Simplesmente desapareceram. Sim, eu tinha posto em "Salvar tudo", mas não fez diferença. Isto já tinha acontecido outras vezes, mas não com tantas páginas. Vou te contar, foi a mais terrível das sensações quando as páginas desapareceram. Pensando bem, já perdi três ou quatro páginas da minha novela outras vezes. Um capítulo inteiro. O que fiz foi simplesmente escrever tudo de novo. Quando você faz isso, você perde alguma coisa, pequenos detalhes não voltam, mas você também ganha alguma coisa, porque quando você reescreve você deixa de fora partes de que não gostou muito e acrescenta partes que são melhores. E daí? Bem, daí é que é uma longa noite. Os passarinhos já acordaram. Minha mulher e os gatos acham que fiquei louco.

Consultei alguns especialistas sobre a "luz azul", mas nenhum conseguiu me dizer nada. Descobri que a maioria dos *experts* em computador não são muito espertos. Acontecem coisas confusas que não estão nos livros. Acho que sei uma coisa que poderia ter recuperado o trabalho depois da "luz azul"...

A pior noite foi quando sentei no computador e ele ficou completamente maluco, mandando bombas, sons estranhos e altos, momentos de escuridão, treva mortal, tentei, tentei e não consegui fazer nada. Daí, reparei no que parecia ser um líquido que tinha endurecido sobre a tela e ao redor da abertura perto do "cérebro", a abertura onde se colocam os disquetes. Um dos meus gatos tinha mijado no computador. Tive que levar para a loja de computadores. O mecânico tinha saído e quando um vendedor retirou uma parte do "cérebro" um líquido amarelo espirrou sobre a sua camisa branca e ele gritou "mijo de gato!". Coitado. Coitado. De qualquer forma, deixei o computador. A garantia não cobria nenhum dano por mijo de gato. Tiveram que tirar, praticamente, todas as entranhas do "cérebro". Levaram oito dias para consertá-lo. Durante este período, voltei à minha máquina de escrever. Era como tentar quebrar pedras com as mãos. Tive que aprender a datilografar de novo. Tinha que ficar bêbado para conseguir que as palavras fluíssem. E, mais uma vez, era uma noite para escrever e outra para arrumar. Mas ainda bem que a máquina estava lá. Ficamos juntos por mais de cinco décadas e tivemos ótimos momentos. Quando peguei o computador de volta, foi com certa tristeza que recoloquei a velha máquina no seu canto. Mas voltei ao computador e as palavras voaram como pássaros enlouquecidos. E não houve mais nenhuma luz azul e palavras que desapareciam. Estava ainda melhor. O gato ter mijado no computador arrumou tudo. Só que agora, quando saio do computador, cubro-o com uma grande toalha de praia e fecho a porta.

Sim, esse tem sido meu ano mais produtivo. O vinho fica melhor se for envelhecido adequadamente.

Não estou competindo com ninguém, não tenho ilusões com a imortalidade, não estou nem aí pra ela. É a AÇÃO enquanto você está vivo. Os partidores se abrindo na luz do sol, os cavalos mergulhando na luz, todos os jóqueis, bravos e pequenos diabos em sua seda brilhante, indo fundo, fazendo acontecer. A glória é o movimento e a audácia. Que a morte se foda. É hoje e hoje e hoje. Sim.

09/12/91   **01:18**

A maré está vazante. Sento e olho para um clipe de papel durante cinco minutos. Ontem, voltando na freeway, estava anoitecendo. Havia um pouco de neblina. O Natal está chegando como um arpão. De repente, me dou conta que estou quase sozinho. Então, na estrada, vi um grande para-choque grudado num pedaço da cerca. Evitei-o a tempo, depois olhei para a direita. Havia uma carambola de carros, quatro ou cinco, mas estava tudo silencioso, sem movimento, ninguém em volta, sem fogo, sem fumaça, sem faróis. Estava indo rápido demais para ver se havia pessoas nos carros. Então, de repente, ficou noite. Às vezes, não há nenhum aviso. As coisas acontecem em segundos. Tudo muda. Você está vivo. Você está morto. E as coisas continuam.

Somos finos como papel. Existimos por acaso entre as percentagens, temporariamente. E esta é a melhor e a pior parte, o fator temporal. E não há nada que se possa fazer sobre isso. Você pode sentar no topo de uma montanha e meditar por décadas e nada vai mudar. Você pode mudar a si mesmo para ser aceitável, mas talvez isso também esteja errado. Talvez pensemos demais. Sinta mais, pense menos.

Todos os carros na carambola pareciam ser de cor cinza. Estranho.

Gosto da forma com que os filósofos destroem os conceitos e as teorias que os precederam. Isso tem acontecido há séculos. Não, não é assim, dizem. É desse jeito. Isto continua sem parar e parece lógica, esta continuidade. O principal problema é que os filósofos devem humanizar sua linguagem, torná-la mais acessível, então os pensamentos se iluminam mais, ficam ainda mais interessantes. Acho que estão aprendendo a fazer isso. A simplicidade é essencial.

Ao escrever, você deve deslizar. As palavras podem ser distorcidas e instáveis, mas se deslizam, há um certo deleite que ilumina tudo. O escrever cuidadoso é mortal. Acho que Sherwood Anderson foi um dos que melhor brincou com as palavras, como se fossem pedras, ou pedaços de comida para serem comidos. PINTAVA as palavras no papel. E elas eram tão simples que você sentia fachos de luz, portas abrindo, paredes brilhando. Você via tapetes, sapatos e dedos. Ele tinha as palavras. Maravilhoso. Mas também eram como balas de revólver. Te atingiam direto. Sherwood sabia alguma coisa, tinha o instinto. Hemingway tentava demais. Você sentia o trabalho duro em seus livros. Eram blocos rígidos, colados. E Anderson podia rir enquanto te contava algo sério. Hemingway nunca conseguiu rir. Quem escreve de pé às seis da manhã não tem senso de humor. Quer derrotar alguma coisa.

Cansado esta noite. Não durmo o suficiente. Adoraria dormir até o meio-dia, mas com o primeiro páreo às 12:30, mais o caminho e aprontar os números, tenho que sair daqui às 11 da manhã, antes do carteiro chegar. E raramente vou dormir antes das duas da manhã. Levanto umas duas vezes para mijar. Um dos gatos me acorda às seis da manhã, exatamente, todas as manhãs, tem que sair. Também, os corações solitários gostam de ligar antes das dez. Não atendo, a secretária eletrônica pega os recados. Quero dizer, meu sono é interrompido. Mas se é só isso que tenho para reclamar, estou em grande forma.

Sem cavalos nos próximos dois dias. Não vou me levantar antes do meio-dia amanhã e me sinto como uma usina elétrica, dez anos mais jovem. Diabos, é de morrer de rir – dez anos mais moço me faz ter 61, vocês acham isso legal? Me deixem chorar, me deixem chorar.

É uma da manhã. Por que não paro agora e vou dormir?

18/01/92   23:59

Bem, ando pra cima e pra baixo entre a novela, o poema e o hipódromo e ainda estou vivo. Não tem muita coisa acontecendo no hipódromo, não consigo me livrar da humanidade e aqui estou. E também tem a estrada, chegar lá e voltar. A freeway sempre me faz lembrar do que é a maioria das pessoas. É uma sociedade competitiva. Eles querem que você perca para que possam ganhar. É inato e muito disso aparece na estrada. Os que dirigem devagar querem bloquear o seu caminho, os que dirigem rápido querem passar por você. Me mantenho a 110, assim ultrapasso e sou ultrapassado. Os motoristas rápidos não me incomodam. Saio da sua frente e deixo que passem. Os vagarosos é que são irritantes, os que andam a 90 na pista rápida. E algumas vezes você pode ficar engavetado. Você enxerga o suficiente da cabeça e do pescoço do motorista da frente pra fazer uma leitura. A leitura é que esta pessoa tem a alma adormecida e, ao mesmo tempo, amargurada, grosseira, cruel e burra.

Escuto uma voz me dizendo: "Você é burro em pensar assim. Você é que é burro".

Há sempre os que defendem os subnormais na sociedade porque não se dão conta de que os subnormais são subnormais. E a razão por que não se dão conta é que eles também são subnormais. Temos uma sociedade subnormal e é por isso que fazem o que fazem e fazem aos outros o que fazem. Mas é problema deles e eu não me importo, a não ser que tenha que viver com eles.

Lembro de jantar uma vez com um grupo de pessoas. Numa mesa ao lado havia um outro grupo de pessoas. Falavam alto e riam. Mas sua risada era totalmente falsa, forçada. Continuavam sem parar.

Finalmente, disse para as pessoas da nossa mesa: "É muito chato, não?".

Uma das pessoas da nossa mesa virou-se para mim, deu um sorriso enternecido e disse: "Gosto quando as pessoas estão felizes".

Não respondi. Mas senti um buraco negro e escuro se formando nas minhas entranhas. Bem, e daí?

Você faz uma leitura das pessoas nas estradas. Você faz uma leitura das pessoas em mesas de jantar. Você faz uma leitura das pessoas nos supermercados etc. etc. É a mesma leitura. O que você pode fazer? Você as evita e espera. Toma mais um drinque. Também gosto quando as pessoas estão felizes. Só que não tenho visto muitas.

Assim, fui hoje ao hipódromo e me sentei no meu lugar. Havia um cara usando um boné de trás pra frente. Um desses bonés que dão grátis no hipódromo. Dia grátis. Estava com seu programa das corridas e uma gaita de boca. Pegou a gaita e soprou. Não sabia tocar. Só soprava. E também não era a escala de 12 tons de Schoenberg. Era uma escala de dois ou três tons. Ficava sem ar e pegava o programa.

Na minha frente, sentaram os mesmos três caras que estiveram lá a semana toda. Um cara de uns 60 anos que sempre usava roupas marrons e um chapéu marrom. Ao seu lado, sentava um outro velho, de uns 65 anos, com o cabelo muito branco, branco como a neve, de pescoço torto e ombros redondos. Ao seu lado, estava um oriental de uns 45 anos que fumava o tempo todo. Antes de cada páreo, discutiam em que cavalo iam apostar. Havia esses incríveis apostadores, como o Gritão Maluco, de quem já falei pra vocês antes. Vou dizer por quê. Tenho sentado atrás deles há duas semanas. E nenhum deles escolheu um vencedor. E apostaram nas barbadas também, isto é, pules que pagavam 2 e 7 ou 8. Isto é, talvez, 45 páreos vezes três escolhas. São 135 escolhas sem um vencedor. Uma estatística realmente fantástica. Pensem nisso. Digamos que cada um deles escolhesse um número como 1 ou 2 ou 3 e ficasse com ele, automaticamente escolheria um vencedor. Mas, pulando de número, de alguma forma conseguiram, usando todo seu poder cerebral e *know-how*, continuar perdendo. Por que continuam vindo ao hipódromo? Não se envergonham da sua inaptidão? Não, há sempre um próximo páreo. Algum dia vão ganhar. Bastante.

Vocês devem compreender então, quando volto do hipódromo e saio da estrada, por que este computador parece tão legal pra mim.

É uma tela em branco para colocar palavras.
Minha mulher e meus nove gatos parecem ser
os gênios do mundo. E são.

08/02/92   01:16

O que os escritores fazem quando não estão escrevendo? Eu vou ao hipódromo. Nos meus primeiros tempos, ou passava fome ou trabalhava em empregos de revirar o estômago.

Agora, me mantenho afastado dos escritores – ou das pessoas que se dizem escritores. Mas entre 1970 e 1974, quando decidi ficar em um lugar e escrever ou morrer, os escritores vinham aqui, todos poetas. POETAS. E descobri uma coisa curiosa: nenhum deles tinha qualquer meio visível de sustento. Ou, se faziam leituras de poesias, poucos assistiam, digamos de quatro a 14 outros POETAS. Mas todos viviam em apartamentos razoavelmente bons e pareciam ter tempo de sobra para sentar no meu sofá e beber minha cerveja. Adquiri fama na cidade de ser o maluco, de fazer festas onde coisas inomináveis aconteciam e mulheres doidas dançavam e quebravam as coisas, ou que eu expulsava as pessoas da minha casa, ou que havia batidas policiais ou etc. etc. Muito disso era verdade. Mas eu também tinha que escrever para meu editor e para as revistas para conseguir dinheiro para o aluguel e o trago, e isto significava escrever prosa. Mas esses... poetas... só escreviam poesia... eu achava que eram superficiais e pretensiosas... mas eles continuavam com ela, vestiam-se razoavelmente bem, pareciam bem-alimentados, e tinham todo esse tempo pra sentar no sofá e tempo pra conversar – sobre sua poesia e sobre si mesmos. Muitas vezes, eu perguntava: "Escute, como você se sustenta?". Eles só ficavam sentados, sorriam para mim, bebiam minha cerveja e esperavam que alguma das minhas doidas mulheres aparecesse, na esperança de que, de alguma forma, conseguissem um pouco de sexo, admiração, aventura ou seja lá o que for.

Estava ficando claro para mim que eu teria que me livrar desses bajuladores molengas. E, gradualmente, descobri seu segredo, um a um. Na maioria das vezes, nos bastidores, bem escondida, estava a MÃE. A mãe tomava conta destes gênios, pagava o aluguel, a comida e as roupas.

Lembro uma vez, numa rara saída de casa, eu estava sentado no apartamento desse POETA. Estava um saco, nada para beber. Ele ficou falando que era uma injustiça ele não ter maior reconhecimento. Os editores, todos conspiravam contra ele. Apontou o dedo para mim: "Você também, você disse pra Martin não me publicar!" Não era verdade. Daí, ele começou a reclamar e a se queixar sobre outras coisas. Então, tocou o telefone. Ele atendeu e começou a falar bem baixinho e reservadamente. Desligou e virou-se para mim.

"É a minha mãe, ela está vindo pra cá. Você tem que ir embora."

"Tudo bem, gostaria de conhecer a sua mãe."

"Não! Não! Ela é horrível! Você tem que ir embora! Agora! Rápido!"

Tomei o elevador e saí. E risquei-o de meu caderno.

Havia um outro. A mãe pagava para ele a comida, o carro, o seguro, o aluguel e até mesmo escrevia parte dos seus poemas. Inacreditável. E isso aconteceu durante décadas.

Havia outro cara, parecia sempre muito calmo, bem-alimentado. Dava aulas numa oficina de poesia em uma igreja todos os domingos de tarde. Tinha um bom apartamento. Era membro do partido comunista. Digamos que seu nome fosse Fred. Perguntei a uma senhora que frequentava sua oficina e que o admirava muito: "Escute, como o Fred se sustenta?". "Bem", disse ela, "Fred não quer que ninguém saiba, porque ele é muito reservado sobre isso, mas ele ganha dinheiro limpando caminhões de comida."

"Caminhões de comida?"

"É, você sabe, essas caminhonetes que entregam café e sanduíches no intervalo e no almoço nos locais de trabalho, bem, esses caminhões de comida."

Passaram uns dois anos e então foi descoberto que Fred também era proprietário de dois edifícios de apartamentos e que vivia principalmente dos aluguéis. Quando descobri isso, tomei um trago e fui até o apartamento de Fred. Ficava em cima de um pequeno teatro. Um lugar pretensiosamente artístico. Saltei para fora do carro e toquei a campainha. Ele

> "APONTOU O DEDO PARA MIM: "VOCÊ TAMBÉM, VOCÊ DISSE PRA MARTIN NÃO ME PUBLICAR!" NÃO ERA VERDADE. DAÍ, ELE COMEÇOU A RECLAMAR E A SE QUEIXAR SOBRE OUTRAS COISAS."

não respondeu. Eu sabia que ele estava lá. Tinha visto sua sombra passando atrás das cortinas. Voltei para o carro e comecei a tocar a buzina e a gritar: "Ei, Fred, sai daí!". Joguei uma garrafa de cerveja em uma das suas janelas. Picou e voltou. Isso o fez se mexer. Saiu na varanda e me espiou. "Bukowski, vá embora!"

"Fred, vem aqui embaixo que eu vou te dar um chute na bunda, seu comunista proprietário de terras!"

Ele correu para dentro. Fiquei lá parado, esperando por ele. Nada. Então, me ocorreu que ele estava chamando a polícia. Já tinha encontrado demais a polícia. Entrei no carro e fui pra casa.

Outro poeta vivia nessa casa na beira do mar. Uma casa legal. Ele nunca tinha emprego. Eu ficava pegando no pé dele: "Como você se sustenta? Como você se sustenta?". Afinal, ele confessou. "Meus pais têm propriedades e eu cobro o aluguel para eles. Eles me pagam um salário." Ele ganhava um salário e tanto, imagino. De qualquer forma, pelo menos *ele* me contou.

Alguns nunca contam. Havia esse outro cara. Escrevia bons poemas, mas muito poucos. Sempre tinha seu bom apartamento. Ou estava indo para o Havaí ou algum outro lugar. Era um dos mais descontraídos. Sempre de roupas novas e recém-passadas, de sapatos novos. Sempre bem barbeado, de cabelo bem cortado; tinha dentes cintilantes. "Vamos lá, cara, como você se sustenta?" Nunca falou. Nem mesmo sorria. Só ficava lá parado, em silêncio.

E também há um outro tipo que vive de caridade. Escrevi um poema sobre um deles, mas nunca publiquei porque, no fundo, sentia pena dele. Aqui está parte do poema:

*João com o cabelo solto, João exigindo
dinheiro, João da barriga grande, João da voz
alta, alta, João da troca, João que se exibe para
as garotas, João que acha que é um gênio, João
que vomita, João que fala mal dos sortudos,
João ficando cada vez mais velho, João ainda
exigindo dinheiro, João escorregando pelo
pé de feijão, João que fala mas não faz, João
que escapa impune do assassinato, João que
faz biscates, João que fala dos velhos tempos,
João que fala e fala, João com a mão esten-
dida, João que aterroriza os fracos, João, o
amargurado, João dos cafés, João implorando
reconhecimento, João que nunca tem emprego,
João que superestima totalmente seu potencial,
João que fica gritando sobre seu talento não
reconhecido, João que culpa a todos.*

*Você sabe quem é João, você o viu ontem,
você o verá amanhã, você o verá semana que
vem.*

Querendo sem fazer, querendo de graça.

*Querendo fama, querendo mulheres, que-
rendo tudo.*
*Um mundo cheio de Joãos descendo pelo
pé de feijão.*

Já estou cansado de escrever sobre poetas.
Mas devo acrescentar que estão prejudicando
a si mesmos vivendo como poetas em vez de
outra coisa. Trabalhei como um trabalhador

comum até os 50 anos. Vivia espremido entre as pessoas. Nunca pretendi ser um poeta. Não estou dizendo que trabalhar para viver seja uma grande coisa. Na maioria das vezes, é horrível. E muitas vezes você tem que lutar para manter um emprego horrível porque existem 25 caras atrás de você prontos para pegar o mesmo emprego. É claro que é sem sentido, é claro que te arrasa. Mas acho que estar nesta confusão me ensinou a deixar a frescura de lado quando escrevia. Acho que você tem que enfiar a cara na lama, de vez em quando, acho que você tem que saber o que é uma prisão, o que é um hospital. Acho que você tem que saber o que é ficar sem comer por uns quatro ou cinco dias. Acho que viver com mulheres loucas faz bem para a espinha. Acho que você pode escrever com satisfação e liberdade depois de passar pelo aperto. Só digo isso porque todos os poetas que conheci têm sido uns frouxos, uns parasitas. Não tinham nada para escrever, exceto sua egoísta falta de persistência.

Sim, fico longe dos POETAS. Você me culpa por isso?

Não tenho ideia do que causa isso. Aparece: uma certa ideia sobre os escritores do passado. E minhas ideias não são nem mesmo precisas, são apenas minhas, quase que totalmente inventadas. Acho que Sherwood Anderson, por exemplo, era baixinho e de ombros levemente encurvados. Provavelmente, tinha ombros retos e era alto. Não interessa. Eu o vejo do meu jeito. (Nunca vi uma foto dele.) Vejo Dostoievsky como um cara barbudo, grandão, com letárgicos olhos verde-escuros. Primeiro, ele era gordo demais, depois magro demais, depois gordo demais. Bobagem, com certeza, mas eu gosto da minha bobagem. Até vejo Dostoievsky como um cara que desejava garotinhas. Faulkner, vejo, em meio a uma certa penumbra, como um ranzinza e um cara com mau hálito. Gorky, como um cara que bebe escondido. Tolstoi, como um homem que tinha ataques de fúria por besteiras. Vejo Hemingway como um cara que dançava balé a portas fechadas. Vejo Celine como um cara que não dormia direito. Vejo e.e. cummings como um grande jogador de sinuca. Poderia continuar sem parar.

Em geral, tinha essas visões quando era um escritor faminto, meio louco, incapaz de me adaptar à sociedade. Tinha pouca comida, mas muito tempo. Quem quer que fossem os escritores, eram mágicos para mim. Abriam portas de um jeito diferente. Precisavam de uma bebida forte ao acordar. A vida era demais para eles. Cada dia era como caminhar sobre cimento fresco. Fiz deles meus heróis. Me alimentava deles. Minhas ideias sobre eles me sustentavam no meu lugar nenhum. Pensar sobre eles era muito melhor do que lê-los. Como D. H. Lawrence. Que sujeitinho perverso. Ele sabia tanto que isso fazia com que ficasse possesso o tempo todo. Sensacional, sensacional. E Aldous Huxley... poder mental de sobra. Ele sabia tanto que isso lhe dava dor de cabeça.

Me espreguiçava em minha cama de fome e pensava nesses caras.

A literatura era tão... romântica. É.

Mas os compositores e pintores também eram bons, sempre ficando loucos, se suicidando, fazendo coisas estranhas e abjetas. O suicídio parecia uma ideia tão boa. Eu mesmo tentei algumas vezes, falhei, mas cheguei perto, fiz umas boas tentativas. Agora, aqui estou com quase 72 anos. Meus heróis já se foram há muito e tive que viver com outros. Alguns dos novos criadores, alguns dos recém-famosos. Não são a mesma coisa pra mim. Olho para eles, os escuto e penso, é só isso? Quero dizer, eles parecem estar numa boa... eles reclamam... mas eles parecem estar NUMA BOA. Não há loucura. Só os que parecem loucos são os que fracassaram como artistas e acham que o fracasso é culpa de forças exteriores. E criam muito mal, de forma horrível.

Não tenho mais ninguém em quem me espelhar. Não consigo nem me espelhar em mim mesmo. Costumava entrar e sair de cadeias, costumava arrombar portas, quebrar janelas, beber 29 dias por mês. Hoje, sento em frente deste computador com o rádio ligado, ouvindo música clássica. Nem mesmo estou bebendo esta noite. Estou me resguardando. Pra quê? Será que quero viver até os 80, 90 anos? Não me importo de morrer... mas não neste ano, tá legal?

Não sei, era diferente no passado. Os escritores pareciam ser mais... escritores. Coisas eram feitas. A Black Sun Press. Os Crosby. Me lembro tanto daquela época! Caresse Crosby publicou um dos meus contos na sua revista *Portfolio*, junto com Sartre, acho, e Henry Miller e acho que, talvez, Camus. Não tenho mais a revista. As pessoas me roubam. Levam minhas coisas quando bebem comigo. Por isso que estou cada vez mais sozinho. De qualquer forma, outros devem ter saudades dos extraordinários anos 20, Gertrude Stein e Picasso... James Joyce, Lawrence e essa turma.

Para mim, parece que não somos mais o que éramos. É como se tivéssemos gasto as opções, como se não conseguíssemos mais fazer alguma coisa.

Sento aqui, acendo um cigarro, ouço música. Minha saúde está boa e espero estar escrevendo bem ou melhor que nunca. Mas tudo mais que leio parece tão... usado... é como um estilo reconhecido. Talvez eu tenha lido demais, talvez eu tenha lido por tempo demais. Também, depois de décadas e décadas escrevendo (e escrevi um monte), quando leio outro escritor acho que posso dizer exatamente quando ele está fingindo, a mentira salta aos olhos, as resvaladas untuosas... Posso adivinhar qual será a próxima linha, o próximo parágrafo... Não há brilho, emoção, risco. É uma tarefa que aprenderam, como consertar uma torneira que pinga.

Gostava mais quando conseguia imaginar grandeza nos outros, mesmo que nem sempre houvesse.

Na minha cabeça, via Gorki em um cortiço, pedindo tabaco para o cara ao lado. Via Robinson Jeffers falando com um cavalo. Via Faulkner olhando para o último gole da garrafa. É claro, é claro, era bobo. Os jovens são bobos e os velhos, idiotas.

Tenho que me adaptar. Mas para todos nós, mesmo agora, a próxima linha está sempre lá e pode ser a linha que finalmente consegue dar o recado, que diz tudo. Podemos dormir pensando nisso durante as lentas noites e esperar que aconteça.

Provavelmente, somos tão bons hoje quanto aqueles filhos da puta do passado. E alguns dos jovens pensam sobre mim como eu pensava sobre eles. Eu sei, recebo cartas. Eu as leio e jogo fora. Estes são os monumentais anos

90. Existe a próxima linha. E a linha depois dessa. Até não haver mais nenhuma.
    É. Mais um cigarro. Depois, acho que vou tomar um banho e dormir.

16/04/92   00:39

Dia ruim no hipódromo. No caminho pra lá, sempre fico ruminando sobre qual sistema usar. Devo ter uns seis ou sete. E, certamente, escolhi o crrado. Ainda assim, nunca vou perder meu rabo nem a cabeça no hipódromo. É que eu não aposto tanto. Os anos de pobreza me tornaram cauteloso. Mesmo os dias que ganho não são fantásticos. Mas prefiro estar certo do que errado, especialmente quando dou horas da minha vida. Pode-se sentir que o tempo está sendo literalmente assassinado lá. Hoje, estavam se aproximando da partida do 2º páreo. Ainda faltavam três minutos e os cavalos e os jóqueis se aproximavam lentamente. Por alguma razão, parecia um tempo agonizantemente longo pra mim. Quando você tem 70 anos, incomoda mais que alguém foda com seu tempo. Tá bem, sei que eu mesmo me coloquei na situação de ser fodido.

Costumava ir nas corridas de cachorros à noite, no Arizona. Só que lá eles sabiam o que estavam fazendo. Era só você virar as costas para buscar uma bebida e já estava saindo um outro páreo. Sem 30 minutos de intervalo. Zip, zip, corriam um depois do outro. Era estimulante. O ar da noite era frio e a ação, contínua. Você não achava que alguém estava tentando cortar seu saco entre os páreos. E depois que tudo terminava, você não estava cansado. Podia beber pelo resto da noite e brigar com sua namorada.

Mas com os cavalos é um inferno. Fico isolado. Não falo com ninguém. Isso ajuda. Bem, os bilheteiros me conhecem. Tenho que ir até os guichês e usar minha voz. Ao longo dos anos, passam a te conhecer. E a maioria é bem legal. Acho que os anos que passaram lidando com a humanidade lhes deram uma certa visão. Por exemplo, sabem que a maior parte da raça humana é uma grande merda. Mesmo assim, mantenho distância dos bilheteiros. Guardando meus conselhos para mim mesmo, tenho uma vantagem. Poderia ficar em casa e fazer isso. Poderia trancar a porta e brincar com tintas ou qualquer coisa assim. Mas, de alguma forma, tenho que sair, e ter certeza de que toda a humanidade é uma grande merda. Como se fosse mudar! Ei, cara, você deve ser louco. Mas existe alguma coisa lá, isto é, não penso em morrer lá, por exemplo, lá você se sente burro demais para conseguir pensar. Apesar disso, já levei um caderno, bem, escreveria alguma coisa entre os páreos. Impossível. O ar é denso e pesado, somos todos membros voluntários de um campo de concentração. Quando chego em casa, daí posso pensar na morte. Só um pouquinho. Não muito. Não me preocupo com a morte ou não tenho pena de morrer. Parece uma tarefa desgraçada. Quando? Na próxima quarta-feira à noite? Ou quando estiver dormindo? Ou por causa da próxima terrível ressaca?

Acidente de trânsito? É uma carga, é uma coisa que deve ser feita. E vou morrer sem acreditar em Deus. Isso vai ser bom, posso enfrentá-la de cabeça em pé. É uma coisa que você tem que fazer, como calçar os sapatos de manhã. Acho que vou ter saudades de escrever. Escrever é melhor que beber. E escrever enquanto você está bebendo sempre faz as paredes dançarem. Talvez haja um inferno, será? Se houver, lá estarei e sabem o que mais? Todos os poetas estarão lá, lendo seus trabalhos e eu vou ter que ouvir. Serei afogado por sua elegante vaidade, por sua transbordante autoestima. Se houver um inferno, este será o meu: um poeta atrás do outro lendo sem parar...

De qualquer forma, um dia especialmente ruim. Esse sistema que geralmente funcionava não funcionou. Os deuses embaralharam as cartas. O tempo está mutilado e você é um idiota. Mas o tempo foi feito para ser desperdiçado. O que você vai fazer em relação a isso? Você não pode estar sempre a mil. Você para e anda. Você chega ao topo e depois cai num buraco negro. Você tem um gato? Ou gatos? Eles dormem, cara. Podem dormir 20 horas por dia e são lindos. Sabem que não há nada para se preocupar. A próxima refeição. E alguma coisinha para matar de vez em quando. Quando estou sendo dilacerado pelas forças, olho para um ou vários dos meus gatos. É só olhar para um deles dormindo ou meio dormindo e relaxo. Escrever também é meu gato. Escrever me faz enfrentar as coisas. Me acalma. Por algum tempo, pelo menos. Daí, meus fios se cruzam e tenho que fazer tudo de novo. Não consigo entender os escritores que decidem parar de escrever. Como eles esfriam?

Bem, o hipódromo estava chato e morto hoje, mas aqui estou de volta em casa e haverá um amanhã, muito provavelmente. Como consigo fazer isso?

Em parte, é o poder da rotina, um poder que mantém a maioria de nós. Um lugar para ir, uma coisa para fazer. Somos treinados desde o começo. Sair, entrar. Talvez haja alguma coisa interessante lá. Que sonho ignorante! Parece a época em que eu saía para arranjar mulheres nos bares. Pensava, talvez *esta* seja a certa. Outra rotina. Mesmo assim, durante o ato sexual, pensava, esta é outra rotina. Estou fazendo o que acham que devo fazer. Me sentia ridículo, mas mesmo assim seguia em frente. O que mais poderia fazer? Bem, deveria ter parado. Deveria ter me afastado e dito: "Olhe, meu bem, estamos sendo muito bobos. Somos apenas ferramentas da natureza".

"Como assim?"

"Quero dizer, meu bem, você já viu duas moscas fodendo ou algo parecido?"

"VOCÊ ESTÁ LOUCO. VOU EMBORA DAQUI!"

Não podemos nos examinar de perto demais ou vamos parar de viver, parar de fazer tudo. Como os sábios que ficavam sentados em uma pedra e não se mexiam. Não sei se isso é tão sábio, também. Eles descartam o

"Mesmo assim, durante o ato sexual, pensava, esta é outra rotina. Estou fazendo o que acham que devo fazer. Me sentia ridículo, mas mesmo assim seguia em frente. O que mais poderia fazer?"

óbvio, mas algo *faz* com que o descartem. Em um certo sentido, são uma mosca fodendo a si mesma. Não há fuga, ação ou falta de ação. Temos apenas que nos considerar como uma derrota: qualquer lance no tabuleiro leva a um xeque-mate.

Assim, foi um dia ruim no hipódromo hoje, sinto um gosto ruim na boca da minha alma. Mas vou voltar amanhã. Tenho medo de não ir. Porque, quando volto pra casa, as palavras engatinhando por esta tela de computador fascinam meu rabo cansado. Deixo-o só para voltar para ele. É claro, é claro. É isso. Não é?

23/06/92   00:34

Provavelmente, escrevi mais e melhor nos últimos dois anos do que em qualquer época da minha vida. É como se, depois de cinco décadas fazendo isso, chegasse mais perto de realmente fazê-lo. Mesmo assim, nos dois últimos meses, comecei a sentir um certo cansaço. O cansaço é quase físico, mas também é um pouco espiritual. Pode ser que eu esteja pronto para entrar em decadência. É um pensamento horrível, é claro. O ideal seria continuar até o momento da minha morte, não desbotar. Em 1989, superei uma tuberculose. Este ano, operei um olho que ainda não está bom. E dor na perna, calcanhar e pé direitos. Coisas pequenas. Pedaços de câncer de pele. A morte mordendo meus calcanhares, deixando que eu saiba. Sou um saco velho, é isso. Bem, não poderia beber até morrer. Cheguei perto, mas não aconteceu. Hoje, mereço viver com o que restou.

Bem, não escrevo há três noites. Devo enlouquecer? Mesmo em meus piores momentos, posso sentir as palavras borbulhando dentro de mim, ficando prontas. Não estou numa competição. Nunca quis fama ou dinheiro. Quis escrever do jeito que queria, só isso. E tive que escrever ou ser tomado por algo pior que a morte. Palavras não como preciosidades, mas como necessidades.

No entanto, quando começo a duvidar da minha capacidade de trabalhar a palavra, simplesmente leio outro escritor e então sei que não tenho com o que me preocupar. Minha competição é só comigo mesmo: fazer direito, com poder, força, deleite e risco. Se não, esqueça.

Tenho sido sábio o suficiente para permanecer isolado. Os visitantes são raros nesta casa. Meus nove gatos correm como loucos quando um humano chega. E minha mulher também está ficando cada vez mais como eu. Não quero que seja assim. É natural para mim. Mas para Linda, não. Fico feliz quando ela pega o carro e sai pra encontrar pessoas. Afinal, tenho meu maldito hipódromo. Posso sempre escrever sobre o hipódromo, aquele grande buraco vazio de lugar nenhum. Vou lá para me sacrificar, mutilar as horas, assassiná-las. As horas devem ser mortas. Enquanto você está esperando. As horas perfeitas são as que passo nesta máquina. Mas você tem que ter horas imperfeitas para ter as perfeitas. Você tem que matar dez horas para que duas vivam. O que você tem que cuidar é para não matar TODAS as horas, TODOS os anos.

Você se determina a ser um escritor fazendo coisas instintivas que alimentam você e a palavra, que te protegem contra a morte em vida. É diferente para cada um. E, para cada um, muda. Uma época, significava pra mim beber muito, beber até a loucura. Afiava a palavra para mim, a trazia à tona. E eu precisava do perigo. Precisava me colocar em situações perigosas. Com os homens. Com as mulheres. Com os carros. Com as apostas. Com a fome. Com qualquer coisa. Alimentava a palavra. Tive décadas disso. Agora, mudou. O que preciso agora é mais sutil, mais invisível. É um sentimento no ar. Palavras ditas, palavras ouvidas. Coisas vistas. Ainda preciso de um trago. Mas agora estou em nuanças e sombras. Sou alimentado com palavras por coisas que mal me dou conta. Isto é bom. Escrevo uma merda diferente agora. Alguns já reparam.

"Você se superou", é o que me dizem, em geral.

Sei o que perceberam. Eu também sinto isso. As palavras ficaram mais simples, porém mais quentes, mais sombrias. Estou sendo alimentado por novas fontes. Estar perto da morte é energizante. Tenho todas as vantagens. Posso ver e sentir coisas que são escondidas dos jovens. Passei do poder da juventude para o poder da idade. Não haverá declínio. Hã, hã. Agora, com licença, devo ir pra cama. São 00:55. Terminando a noite. Riam enquanto podem...

24/08/92　　00:28

    Bem, já tenho 72 anos há oito dias e noites e nunca mais vou poder dizer isso.

    Os últimos dois meses têm sido ruins. Cansado. Física e espiritualmente. A morte não significa nada. É caminhar arrastando a bunda, é quando as palavras não vêm voando da máquina, é o engano.

    Agora, no meu lábio inferior e embaixo dele, há um grande inchaço. E eu não tenho energia. Não fui ao hipódromo hoje. Só fiquei na cama. Cansado, cansado. A multidão dos domingos no hipódromo é a pior delas. Tenho problemas com o rosto humano. Acho muito difícil olhar para ele. Encontro a soma total da vida de cada pessoa escrita nele e é uma visão terrível. Quando se veem milhares de rostos em um só dia, é cansativo dos pés à cabeça. E por todas as entranhas. Os domingos são tão lotados. É o dia dos amadores. Eles gritam e praguejam. Ficam enfurecidos. Depois, ficam duros e vão embora, falidos. O que esperavam?

    Fiz uma operação de catarata no meu olho direito há alguns meses. A operação não era tão simples como indicavam informações erradas que obtive de pessoas que diziam ter feito operações no olho. Ouvi minha mulher falando com a mãe dela ao telefone: "Você disse que terminou em alguns minutos? E que dirigiu pra casa depois?". Outro cara mais velho me disse: "Ah, não é nada, acaba num instante e você pode fazer tudo normalmente". Outros falaram da operação de uma forma casual. Foi um passeio no parque. Bem, não pedi a essas pessoas informações sobre a operação, elas apareceram. Depois de um tempo, comecei a acreditar. Mesmo assim, duvidava que uma coisa delicada como um olho pudesse ser tratada mais ou menos como cortar uma unha do pé.

Na minha primeira consulta ao médico, ele examinou o olho e disse que eu precisava ser operado.

"Tudo bem", eu disse, "vamos lá."

"O quê?", ele perguntou.

"Vamos fazer agora. Vamos nessa!"

"Espere", disse ele, "primeiro temos que marcar o hospital. Depois, têm outras preparações. Primeiro, quero te mostrar um filme sobre a operação. Só dura uns 15 minutos."

"A operação?"

"Não, o filme."

O que acontece é que eles tiram todo o cristalino do olho e o substituem por um cristalino artificial. O cristalino é costurado e o olho tem que se adaptar e se recuperar. Depois de três semanas, os pontos são retirados. Não é nenhum passeio no parque e a operação demora muito mais que "uns dois minutos".

De qualquer forma, quando tudo terminou, a mãe da minha mulher disse que provavelmente estava pensando no procedimento pós-operatório. E o velho? Perguntei a ele:

"Quanto tempo levou para que a tua visão ficasse realmente melhor depois da operação no olho?". "Não tenho certeza de ter operado", disse ele.

Será que eu estou com esse lábio gordo por ter bebido água na tigela do gato?

Me sinto um pouco melhor esta noite. Seis dias por semana no hipódromo podem desgastar qualquer um. Tente uma vez. Daí, volte pra casa e trabalhe na sua novela.

Ou talvez a morte esteja me mandando alguns sinais?

Outro dia, fiquei pensando no mundo sem mim. Há o mundo continuando a fazer o que faz. E eu não estou lá. Muito estranho. Penso no caminhão do lixo passando e levando o lixo e eu não estou lá. Ou o jornal jogado no jardim e eu não estou lá para pegá-lo. Impossível. E, pior, algum tempo depois de estar morto, vou ser verdadeiramente descoberto. E todos aqueles que tinham medo de mim ou que me odiavam quando eu estava vivo vão subitamente me aceitar. Minhas palavras vão estar em todos os lugares. Vão se formar clubes e sociedades. Será nojento. Será feito um filme sobre a minha vida. Me farão muito mais corajoso e talentoso do que sou. Muito mais. Será suficiente para fazer os deuses vomitarem. A raça humana exagera tudo: seus heróis, seus inimigos, sua importância.

Os filhos da puta. É isso aí, me sinto melhor. Maldita raça humana. É isso aí, me sinto melhor.

A noite está refrescando. Talvez eu pague a conta do gás. Lembro que no bairro central sul de L.A. mataram uma mulher chamada Love por não ter pago a conta do gás. A companhia queria desligar o gás. A mulher os expulsou. Não me lembro com o quê. Talvez uma pá. A polícia veio. Não lembro como aconteceu. Acho que ela procurou alguma coisa no avental. Eles atiraram e a mataram.

Tudo bem, tudo bem, vou pagar a conta do gás.

Estou preocupado com minha novela. É sobre um detetive. Mas eu fico colocando-o em situações quase impossíveis e daí tenho que tirá-lo delas. Às vezes, penso numa solução quando estou no hipódromo. Sei que meu editor está curioso. Talvez ele ache que o texto não seja literário. Digo que qualquer coisa que faço é literário, mesmo que eu tente que não seja literário. Ele já deveria confiar em mim. Bem, se ele não quiser o texto, vou despejá-lo em outro lugar. Vai vender tão bem quanto qualquer coisa que escrevi, não porque é melhor, mas porque é tão bom quanto antes e meus leitores malucos estão prontos pra ele.

Olhe, talvez uma boa noite de sono hoje e eu acorde de manhã sem esse lábio grosso. Pode me imaginar me inclinando no guichê, com esse enorme lábio, dizendo: "20 no cavalo 6?". Claro. Eu sei. O cara não ia nem notar. Minha mulher me perguntou: "O seu lábio não foi sempre assim?".

Meu Deus.

Você sabia que os gatos dormem 20 das 24 horas do dia? Não se admira que tenham melhor aparência do que eu.

28/08/92 **00:40**

Existem milhares de armadilhas na vida e a maioria de nós cai em muitas. A ideia, no entanto, é ficar fora de quantas for possível. Fazer isso te ajuda a ficar tão vivo quanto possível até você morrer...

A carta chegou dos escritórios da estação de uma rede de televisões. Era muito simples, dizendo que esse cara, vamos chamá-lo de Joe Singer, queria vir aqui. Para falar de uma proposta. Na página 1 da carta, estavam grudadas duas notas de cem dólares. Na página 2, havia outros cem. Eu estava a caminho do hipódromo. Descobri que as notas de cem dólares se destacavam com facilidade da carta, sem danos. Havia um número de telefone. Decidi ligar para Joe Singer naquela noite, depois dos páreos.

Foi o que fiz. Joe foi informal, gentil. A ideia, disse ele, era criar um seriado de TV baseado em um escritor como eu. Um cara velho que ainda estava escrevendo, bebendo, apostando em cavalos.

"Por que não nos encontramos e conversamos sobre isso?", perguntou.

"Você vai ter que vir aqui", eu disse, "à noite."

"Tudo bem", disse ele, "quando?"

"Depois de amanhã."

"Legal. Você sabe quem eu quero que faça o seu papel?"

"Quem?"

Ele mencionou um ator, vamos chamá-lo de Harry Dane. Eu sempre gostei de Harry Dane.

"Ótimo", disse eu, "e obrigado pelos 300."

"Queríamos chamar a sua atenção."

"Conseguiram."

Bom, a noite chegou e lá estava Joe Singer. Parecia agradável o suficiente, inteligente, gentil. Bebemos e conversamos, sobre cavalos e várias coisas. Não muito sobre o seriado. Linda, minha mulher, estava junto.

"Nos conte mais sobre o seriado", disse ela.

"Tudo bem, Linda", eu disse, "só estamos relaxando..."

Achei que Joe Singer tinha vindo mais ou menos para ver se eu era louco ou não.

"Tudo bem", disse ele, pegando sua pasta. "Aqui está um esboço..."

Me passou umas quatro ou cinco folhas de papel. Era em grande parte uma descrição do personagem principal e achei que tinham me descrito razoavelmente bem. O velho escritor vivia com esta garota jovem, que recém tinha saído da faculdade, ela fazia todo o trabalho sujo, arrumava suas leituras e coisas assim.

"A TV queria essa garota aí, sabe", disse Joe.

"É", eu disse.

Linda não disse nada.

"Bem", disse Joe, "olhe isso de novo. Também tem algumas ideias, ideias de enredo, cada episódio terá um ponto de vista diferente, você sabe, mas tudo será baseado no seu personagem."

"Tudo bem", eu disse. Mas comecei a ficar meio apreensivo.

Bebemos por mais umas duas horas. Não me lembro muito da conversa. Conversa fiada. E a noite terminou...

No dia seguinte, depois do hipódromo, li a página com as ideias para os episódios.

1. O desejo de Hank de jantar lagosta é frustrado por ativistas dos direitos animais.
2. A secretária arruina as chances de Hank com uma garota que transava com poetas.
3. Para homenagear Hemingway, Hank come uma garota chamada Millie, cujo marido, um jóquei, quer pagar Hank para continuar transando com ela. Tem que haver um gancho.
4. Hank permite que um jovem artista pinte seu retrato e é forçado a revelar sua própria experiência homossexual.
5. Um amigo de Hank quer que ele invista em sua mais nova ideia. Um uso industrial para vômito reciclado.

Liguei para Joe.

"Meu Deus, cara, o que é isso sobre uma experiência homossexual? Eu nunca tive nenhuma."

"Bem, não precisamos usar essa."
"Não vamos mesmo. Escute, falo com você depois, Joe."
Desliguei. As coisas estavam ficando estranhas.

Liguei para Harry Dane, o ator. Já tinha estado aqui em casa algumas vezes. Tinha um ótimo rosto marcado pelo tempo e era sincero. Não era afetado. Gostava dele.

"Harry", disse eu, "tem essa rede, esse canal de TV – querem fazer um seriado baseado em mim e querem que você seja o ator. Falaram com você?"

"Não."

"Achei que poderia reunir você e esse cara e ver o que acontece."

"Que canal?"

Eu disse o canal.

"Mas essa é uma TV comercial, censura, comerciais, risadas gravadas."

"Esse cara, Joe Singer, disse que tem muita liberdade no que fazem."

"É censura, você não pode ofender os anunciantes."

"O que eu mais gostei é que ele queria que você fizesse o papel principal. Por que você não vem aqui em casa para conhecê-lo?"

"Gosto do que você escreve, Hank, se pudéssemos conseguir, digamos, a HBO, talvez saísse legal."

"Bem, é. Mas por que você não vem aqui, ver o que ele tem a dizer? Faz tempo que eu não te vejo."

"Tudo bem. Tá legal, vou, mas principalmente para ver você e Linda."

"Ótimo. Que tal depois de amanhã? Vou combinar com ele."

"Tudo bem", ele disse.

Telefonei para Joe Singer.

"Joe. Depois de amanhã, nove da noite. O Harry Dane vem aqui."

"Legal, ótimo. Podemos mandar uma limusine buscá-lo."

"Vai estar só ele na limusine?"

"Talvez. Ou talvez alguém do nosso pessoal esteja junto."

"Bem, não sei. Vou te ligar de novo..."

"Harry, eles estão tentando te comprar, querem mandar uma limusine pra te buscar."

"Seria só pra mim?"

"Ele não tinha certeza."

"Pode me dar o número do telefone dele?"

"Claro."

E foi isso.

Quando, mais tarde, cheguei do hipódromo, Linda disse: "Harry Dane ligou. Falamos sobre o negócio da TV. Perguntou se precisávamos de dinheiro. Eu disse que não".

"Ele ainda vem aqui?"

"Vem."

Cheguei um pouco mais cedo do hipódromo no dia seguinte. Decidi ir pra piscina de hidromassagem. Linda tinha saído, provavelmente para comprar libações para o encontro. Eu mesmo estava ficando com um pouco de medo do seriado de TV. Ele podia me foder de vez. Velho escritor faz isso, Velho escritor faz aquilo. Risadas gravadas. Velho escritor fica bêbado, perde encontro de poesia. Bem, isso não seria tão ruim. Mas eu ia querer escrever a merda, e, assim, os textos não iam ser tão bons. Escrevi por décadas em quartos apertados, dormindo em bancos de praça, sentando em bares, trabalhando em todos os empregos idiotas, enquanto escrevia e escrevia exatamente como eu queria e achava que devia. Finalmente, meu trabalho estava sendo reconhecido. E eu ainda escrevia do jeito que eu queria e sentia que devia. Ainda escrevia para não ficar louco, ainda escrevia para explicar esta maldita vida para mim mesmo. E aqui estava eu, sendo convencido para fazer um seriado de TV em um canal comercial. Poderiam tirar sarro de tudo porque eu tinha lutado tanto, em um seriado cômico com risadas gravadas. Meu Deus, meu Deus.

Tirei a roupa e fui para a beira da piscina. Estava pensando sobre o seriado de TV, no meu passado, agora e em tudo mais. Estava meio desligado. Entrei na piscina do lado errado.

Me dei conta na hora que entrei. Não havia degraus daquele lado. Aconteceu rapidamente. Havia uma pequena plataforma no fundo, feita para sentar. Meu pé direito pisou nela, escorregou e perdi o equilíbrio.

Você vai bater a cabeça na borda da piscina, me passou pela cabeça.

Me concentrei em empurrar minha cabeça para a frente enquanto caía, deixando que todo o resto se fodesse. Minha perna direita pegou o grosso da queda, foi torcida, mas consegui evitar que a cabeça batesse na borda. Daí, fiquei boiando na água borbulhante, sentindo agulhadas de dor na perna direita. De qualquer forma, já estava sentindo dores ali, e agora estava mal de vez. Me senti idiota com tudo aquilo. Poderia ter desmaiado. Poderia ter me afogado. Linda voltaria para casa e me encontraria boiando, morto.

FAMOSO ESCRITOR, EX-POETA MARGINAL E BÊBADO É ENCONTRADO MORTO NA PISCINA.
TINHA ACABADO DE ASSINAR UM CONTRATO PARA UM SERIADO CÔMICO BASEADO EM SUA VIDA.

Isso não é nem mesmo um fim ignóbil. É ser totalmente cagado pelos deuses.

Consegui sair da piscina e ir até a casa. Mal conseguia caminhar. Cada passo na perna direita dava uma agulhada fortíssima desde o calcanhar até o joelho. Me arrastei até o refrigerador e tirei uma cerveja...

Harry Dane chegou primeiro. Veio no seu próprio carro. Pegamos o vinho e começamos a beber. Quando Joe Singer chegou, já tínhamos tomado algumas. Fiz as apresentações. Joe mostrou o formato geral do seriado proposto para Harry. Harry fumava e bebia o vinho muito rápido.

"Tudo bem, tudo bem", disse ele, "mas e a trilha sonora? E Hank e eu teríamos controle total sobre o material. Mas eu não sei. Existe a censura..."

"Censura? Que censura?", perguntou Joe.

"Patrocinadores, você tem que agradar os patrocinadores. Há um limite de até onde se pode ir com esse material."

"Teremos liberdade total", disse Joe.

"Não pode ser", disse Harry.

"Risadas gravadas são horríveis", disse Linda.

"É", eu disse.

"É que", disse Harry, "já trabalhei em seriados de TV. É um saco, leva horas e horas por dia, é pior que fazer um filme. É trabalho duro."

Joe não respondeu.

Continuamos todos a beber. Passaram umas duas horas. As mesmas coisas pareciam ser ditas de novo. Harry dizia que talvez devêssemos ir à HBO. E que as risadas gravadas eram horríveis. E Joe dizia que estaria tudo bem, que havia muita liberdade na TV comercial, que os tempos tinham mudado. Era realmente muito chato, terrível. Harry estava bebendo demais. Daí começou a falar sobre o que estava errado no mundo e as principais causas disso. Tinha uma certa ideia que repetia com frequência. Era uma boa ideia. Infelizmente, era tão boa que eu esqueci. Mas Harry continuava.

De repente, Joe levantou-se num salto. "Bem, que merda, vocês fizeram um monte de filmes ruins! A TV fez algumas coisas boas! Nem tudo que fazemos é podre! Vocês ficam falando desses filmes de merda!"

E correu para o banheiro.

Harry olhou para mim e deu um sorriso amarelo. "Puxa, ele ficou furioso, não?"

"É, Harry."

Servi mais um pouco de vinho. Sentamos e esperamos. Joe Singer ficou no banheiro um tempão. Quando saiu, Harry ficou lá falando com ele. Não consegui ouvir o que diziam. Acho que Harry ficou com pena dele. Logo depois, Joe começou a juntar suas coisas e colocar dentro da pasta. Foi até a porta e olhou para mim: "Te ligo", disse ele.

"Tudo bem, Joe."

Então, foi embora.

Linda, Harry e eu continuamos a beber. Harry continuou falando sobre o que estava errado com o mundo, repetindo aquela ótima ideia, que eu não consigo me lembrar. Não falamos muito sobre a proposta do seriado de TV. Quando Harry foi embora, ficamos preocupados por ele ir dirigindo. Dissemos que ele poderia ficar. Ele não aceitou. Disse que poderia chegar em casa. Por sorte, conseguiu.

Joe Singer ligou na noite seguinte.

"Escute, não precisamos daquele cara. Ele não quer trabalhar. Podemos conseguir outra pessoa."

"Mas, Joe, uma das principais razões por que me interessei no início foi por causa da possibilidade de Harry Dane."

"Podemos conseguir outra pessoa. Vou te escrever, vou te mandar uma lista, vou trabalhar nisso."

"Não sei, Joe..."

"Vou te escrever. E escute, falei com o pessoal e eles disseram que tudo bem, sem risadas gravadas. Eles até disseram que não seria problema ir pra HBO. Isto me surpreendeu porque eu trabalho pra eles, não pra HBO. De qualquer forma, vou te mandar uma lista de atores..."

"Tudo bem, Joe..."

Eu continuava preso à teia. Agora, eu queria cair fora, mas não sabia bem como dizer isso a ele. Isso me surpreendeu, em geral, eu era bom pra me livrar das pessoas. Me senti culpado porque provavelmente ele tinha se esforçado muito para aquilo. E, originalmente, num primeiro momento, a ideia de um seriado baseado em mim deve ter apelado para minha vaidade. Mas agora não parecia uma coisa boa. Me senti uma merda com a coisa toda.

Uns dois dias depois, chegaram as fotos dos atores, um monte delas, e as favoritas estavam marcadas. O número do telefone do agente estava ao lado de cada foto dos atores. Fiquei enjoado de ver todos aqueles rostos, a maioria

"*Fiquei enjoado de ver todos aqueles rostos, a maioria sorrindo. Os rostos eram banais, vazios, muito Hollywood, muito, muito horripilantes.*"

sorrindo. Os rostos eram banais, vazios, muito Hollywood, muito, muito horripilantes. Junto com as fotos, havia uma nota curta:

"...saindo para três semanas de férias. Quando voltar, vou fazer esse negócio funcionar de verdade..."

Foram os rostos que decidiram por mim. Não podia aguentar mais. Sentei e deixei fluir no computador:

"...Tenho pensado muito no(s) seu(s) projeto(s) e, francamente, não posso fazê-lo. Isto significaria o fim da minha vida como a tenho vivido e quis viver. É uma intromissão grande demais na minha existência. Me faria muito infeliz, deprimido. Este sentimento foi surgindo aos poucos, mas não sei bem como explicá-lo a você. Quando você e Harry discutiram naquela noite, me senti ótimo, achei que tinha terminado. Mas você volta com uma nova lista de atores. Quero ficar de fora, Joe, não posso lidar com isso. Foi uma sensação que tive desde o começo e essa sensação ficou cada vez mais forte à medida que as coisas progrediram. Não tenho nada contra você, você é um jovem inteligente que quer injetar sangue novo na TV – mas que não seja o meu. Talvez você não compreenda minha preocupação, mas, acredite, ela é real, muito real. Deveria me sentir homenageado por você querer mostrar a minha vida para as massas, mas, sinceramente, fico totalmente aterrorizado com essa ideia, sinto como se a minha própria vida estivesse sendo ameaçada. Tenho que cair fora. Não consigo dormir de noite, não consigo pensar, não consigo fazer nada.

Por favor, não telefone, não escreva. Nada pode mudar isso."

No dia seguinte, a caminho do hipódromo, coloquei a carta no correio. Me senti renascer. Talvez eu ainda tivesse que lutar para me livrar. Mas eu iria aos tribunais. Qualquer coisa. De certa forma, senti pena de Joe Singer. Mas, à merda com tudo, eu estava livre de novo.

Na estrada, liguei o rádio e, por sorte, tocava Mozart. A vida pode ser boa em certos momentos, mas, às vezes, isso depende de nós.

30/08/92   **01:30**

Estava descendo a escada rolante no hipódromo depois do 6º páreo quando o garçom me viu. "Está indo pra casa agora?", perguntou.

"Eu não faria isso com você, amigo", disse pra ele.

Os coitados têm que trazer comida da cozinha do hipódromo para os andares de cima carregando uma quantidade enorme nas bandejas. Quando os clientes fogem sem pagar, são eles que pagam a conta. Alguns dos apostadores sentam em quatro numa mesa. Os garçons poderiam trabalhar o dia inteiro e ainda dever dinheiro ao hipódromo. E os dias cheios são os piores, os garçons não podem vigiar todo mundo. E quando são pagos, os apostadores dão umas gorjetas miseráveis.

Desci para o primeiro andar e fui para fora, fiquei tomando sol. Estava ótimo lá. Talvez eu venha para o hipódromo e só fique tomando sol. Raramente penso em escrever lá, mas o fiz desta vez. Pensei em algo que tinha lido recentemente, que eu era provavelmente o poeta americano mais vendido e o mais influente, mais copiado. Que estranho. Bem, à merda com isso. Tudo que importava era a próxima vez que eu sentaria no computador. Se ainda pudesse fazer isso, estaria vivo; se não, tudo o que tinha acontecido antes pouco significaria para mim. Mas o que estava fazendo, pensando sobre escrever? Eu estava pirando. Não pensava sobre escrever nem mesmo quando estava escrevendo. Daí, ouvi a chamada para a largada, dei a volta, entrei e fui de novo para a escada rolante. Na subida, passei por um cara que me devia dinheiro. Ele olhou para baixo.

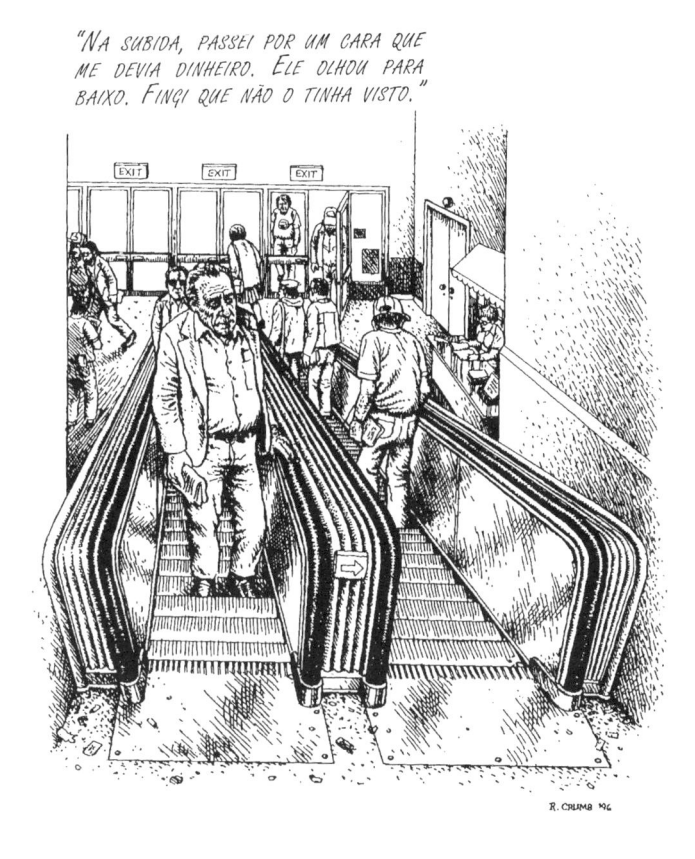

"NA SUBIDA, PASSEI POR UM CARA QUE ME DEVIA DINHEIRO. ELE OLHOU PARA BAIXO. FINGI QUE NÃO O TINHA VISTO."

Fingi que não o tinha visto. Não fez a menor diferença depois que ele me pagou, porque pediu a grana emprestada de volta. Um velho veio até mim, mais cedo: "Me dá 60 centavos!". Isso era suficiente para uma aposta de dois paus, mais uma chance para sonhar. Era um lugar desgraçado e triste, mas quase todos os lugares são. Não havia outro lugar para ir. Bem, havia, você poderia ir para o seu quarto e fechar a porta, mas daí sua mulher ia ficar deprimida. Ou mais deprimida. A América era a Terra das Esposas Deprimidas. E era culpa dos homens. Claro. De quem mais? Não se poderia culpar os pássaros, os cachorros, os gatos, as minhocas, os ratos, as aranhas, os peixes, os etc. Eram os homens. E os homens não podiam se permitir ficar deprimidos, se não o barco inteiro afundava. Bem, que diabos.

Voltei à minha mesa. Três caras estavam na mesa ao lado e tinham um garotinho com eles. Cada mesa tinha um pequeno aparelho de TV, só que o deles estava ligado no volume MÁXIMO. O garoto tinha ligado numa comédia e era legal que os homens deixassem o garoto ver seu programa. Mas ele não estava prestando a menor atenção a ele, não estava ouvindo, estava sentado lá empurrando um pedaço de papel enrolado. Ele jogava o papel contra as xícaras, e daí pegava o papel e jogava dentro de uma outra xícara. Algumas das xícaras estavam cheias de café. Mas os homens continuaram a falar sobre cavalos. Meu Deus, aquela TV estava ALTA. Pensei em dizer alguma coisa pros caras, pedir que abaixassem um pouco a TV. Mas eram pretos e iriam pensar que eu era racista. Saí da mesa e fui até os guichês. Não tive sorte, entrei numa fila lenta. Na frente, tinha um cara velho com dificuldade de fazer suas apostas. Estava com a sua lista aberta na frente do guichê, junto com seu programa, e hesitava muito sobre o que queria fazer. Provavelmente, vivia num asilo de velhos ou em algum tipo de instituição, mas saiu para passar um dia no hipódromo. Bem, não existe nenhuma lei contra isso e nenhuma lei contra ele estar atrapalhado. Mas, de alguma forma, incomodava. Jesus, não tenho que sofrer isso, pensei. Tinha memorizado a parte de trás de sua cabeça, suas orelhas, suas roupas, as costas curvadas. Os cavalos estavam se aproximando do partidor. Todo mundo estava gritando com ele. Ele nem notou. Então, dolorosamente, o vimos pegar a carteira lentamente. Câmera lenta, lenta. Abriu-a e olhou dentro dela. Daí, enfiou os dedos lá dentro. Não quero mais continuar. Finalmente, pagou, e o bilheteiro lentamente devolveu o troco. Daí, ele ficou lá olhando o dinheiro e as pules, voltou-se para o bilheteiro e disse: "Não, eu queria a dupla exata 6-4, não era isso...". Alguém gritou uma obscenidade. Saí dali. Os cavalos saltaram do partidor e fui ao banheiro mijar.

    Quando voltei, o garçom tinha minha conta pronta. Paguei, dei uma gorjeta de 20% e agradeci.

    "Te vejo amanhã, amigo", disse ele.

"Talvez", eu disse.

"Você vai estar aqui", disse ele.

Os outros páreos continuaram. Apostei cedo no 9º e fui embora. Saí 10 minutos antes da formação. Entrei no meu carro e saí. No final do estacionamento no Century Boulevard, ao lado do sinal, havia uma ambulância, um carro de bombeiros e dois carros da polícia. Dois carros tinham batido de frente. Havia vidro por todo lado, os carros estavam totalmente destruídos. Alguém estava com pressa para entrar e alguém estava com pressa para sair. Apostadores de cavalos.

Passei pelo lado do acidente e entrei à esquerda na Century.

Mais um dia baleado na cabeça e enterrado. Foi outro sábado de tarde no inferno. Dirigi junto com os outros.

15/09/92　　　　　　01:06

E ainda falam do bloqueio do escritor. Acho que fui mordido por uma aranha. Três vezes. Reparei nesses três grandes vergões vermelhos no meu braço esquerdo na noite de 08-9-92. Pelas nove da noite. Doíam um pouco quando tocava. Decidi ignorá-los. Mas depois de uns 15 minutos, mostrei as marcas a Linda. Naquele dia, ela tinha estado num pronto-socorro. Alguma coisa tinha deixado um ferrão em suas costas. Era depois das nove da noite, tudo fechado a não ser a Emergência do hospital local. Já havia estado lá antes: tinha caído numa lareira quente quando estava bêbado. Não tinha caído direto no fogo, mas caí na superfície quente e estava só de calção. Agora, era isso. Esses vergões.

"Acho que vou me sentir um idiota indo lá só com esses vergões. Lá tem gente ensanguentada por acidentes de carro, facadas, tiros, tentativas de suicídio e tudo o que tenho são três vergões vermelhos."

"Não quero me acordar de manhã com um marido morto", Linda disse.

Pensei nisso por 15 minutos e daí disse: "Tudo bem, vamos lá".

Estava calmo lá dentro. Uma senhora no balcão estava ao telefone. Ficou no telefone por um tempo. Daí, terminou.

"Sim?", perguntou.

"Acho que fui mordido por alguma coisa", eu disse. "Talvez devessem dar uma olhada."

Disse a ela meu nome. Eu estava no computador. Última consulta: época da tuberculose.

Me levaram para uma sala. A enfermeira fez o de sempre. Pressão sanguínea. Temperatura.

Daí, o médico. Ele examinou os vergões.

"Parece ser uma aranha", ele disse, "em geral, mordem três vezes."

Me deram uma injeção contra tétano, uma receita para alguns antibióticos e um pouco de Benadryl.

Fomos até uma farmácia de plantão para comprar as coisas.

Tinha que tomar uma cápsula de Duricef 500 mg a cada 12 horas. O Benadryl, uma a cada quatro horas.

Comecei. E aí que está. Depois de um dia ou mais, me sentia do mesmo jeito que na época que tomava antibióticos para tuberculose. Só que então, por causa da minha fraqueza, eu mal conseguia subir e descer as escadas, tinha que me arrastar pelo corrimão. Agora, só tinha essa sensação nauseante, esse embotamento na cabeça. Doente no corpo, vazio na cabeça. Pelo terceiro dia, sentei na frente deste computador pra ver se surgia alguma coisa. Só fiquei sentado ali. Deve ser assim que você sente quando ela finalmente deixa você. E não há nada que você possa fazer. Aos 72 anos, é sempre possível que ela me deixe. A capacidade de escrever. Era um medo. E não era quanto à fama. Ou quanto ao dinheiro. Era quanto a mim. Eu era mimado. Eu precisava da fuga, do divertimento, da liberação do escrever. A segurança do escrever. O maldito trabalho disso. Todo o passado não significava nada. A reputação não significava nada. Tudo o que importava era a linha seguinte. E se a próxima linha não surgisse, eu estaria morto, mesmo que, tecnicamente, estivesse vivo.

Já parei de tomar os antibióticos há 24 horas, mas ainda me sinto embotado, um pouco doente. Falta brilho e gás neste texto. Azar, garoto.

Agora, amanhã, devo ir ao meu médico de sempre para ver se preciso de mais antibióticos. Os vergões ainda estão lá, apesar de menores. Quem sabe por quê?

Ah, sim, a amável senhora do balcão da recepção, assim que eu estava saindo, começou a falar sobre mordidas de aranha. "É, teve esse sujeito de uns vinte anos. Foi mordido por uma aranha, agora está paralítico da cintura pra cima."

"É mesmo?", perguntei.

"É", disse ela, "e houve um outro caso. Esse sujeito..."

"Deixe pra lá", disse a ela, "temos que ir embora."

"Bem", ela disse, "tenham uma boa noite."

"Você também", eu disse.

06/11/92 **00:08**

Esta noite, me sinto envenenado, mijado, usado, gasto até o osso. Não é só a velhice, mas pode ter algo a ver com isso. Acho que a multidão, aquela multidão, a Humanidade, que sempre foi difícil pra mim, aquela multidão está ganhando, afinal. Acho que o grande problema é que tudo é uma performance repetida pra eles. Não há novidade neles. Nem mesmo o menor dos milagres. Apenas se arrastam sobre mim. Se, um dia, eu pudesse ver UMA pessoa fazendo ou dizendo algo incomum me ajudaria a seguir em frente. Mas são rançosos, bolorentos. Não há emoção. Olhos, ouvidos, pernas, vozes, mas... nada. Congelam-se dentro de si mesmos, se enganam, fingindo que estão vivos.

Era melhor quando eu era jovem, eu ainda procurava. Percorria as ruas à noite procurando, procurando... me misturando, lutando, buscando... Não encontrei nada. Mas o cenário geral, o nada, ainda não tinha tomado conta. Nunca encontrei um amigo de verdade. Com as mulheres, havia esperança com cada uma, mas isso era no princípio. Mesmo no começo, eu saquei, parei de procurar a Garota Ideal; eu só queria uma que não fosse um pesadelo.

Com as pessoas, tudo que encontrei foram os vivos que agora estavam mortos – nos livros, na música clássica. Mas isso ajudava, por um tempo. Mas havia apenas uns poucos livros mágicos e interessantes, daí parou. A música clássica era meu baluarte. Escutava muito no rádio, ainda escuto. E sempre me surpreendo, mesmo agora, quando escuto algo forte, novo, que não ouvi antes, e isso acontece com bastante frequência. Enquanto escrevo agora, estou escutando algo no rádio que nunca ouvi antes. Me empapuço de cada nota como um homem faminto de sangue novo e novo significado e lá estão. Fico absolutamente admirado pela grande quantidade de excelentes músicas, séculos e séculos delas. É possível que muitas grandes almas tenham existido. Não posso explicar, mas é uma grande sorte eu ter isso na vida, sentir isso, me alimentar disso e festejar. Nunca escrevo nada sem ter o rádio ligado com música clássica, sempre foi parte do meu trabalho, escutar esta música enquanto escrevo. Talvez, algum dia, alguém me explique por que há tanta energia do Milagre na música clássica. Duvido que algum dia alguém me diga isso. Só me resta imaginar. Por quê, por quê, por que não existem mais livros com esse poder? O que está errado com os escritores? Por que existem tão poucos bons?

 O rock não me toca. Fui a um show de rock mais por causa da minha mulher, Linda. Claro, sou um cara legal, hem, hem? De qualquer forma, os ingressos eram de graça, cortesia de um músico de rock que lê os meus livros. Devíamos ir para um camarote especial para os famosos. Um diretor, ex-ator, veio nos buscar na sua caminhonete esporte. Outro ator estava com ele. São talentosos, do seu jeito, e não são maus seres humanos. Fomos até a casa do diretor, lá estava sua mulher, vimos seu bebê e daí saímos numa limusine. Drinques, conversa. O show era no Dodger Stadium. Chegamos atrasados. A banda estava no palco, um som ensurdecedor, gigante, 25.000 pessoas. Havia uma vibração, mas foi breve. Era muito simplório. Acho que as letras seriam legais se você conseguisse ouvi-las. Provavelmente, falavam de Causas, Decências, Amor achado e perdido etc. As pessoas precisam daquilo – anti-sistema, anti-pais, anti-alguma coisa. Mas uma banda milionária e bem-sucedida como aquela, independentemente do que disser, AGORA FAZIA PARTE DO SISTEMA.

Depois de um certo tempo, o líder da banda disse: "Este show é dedicado a Linda e Charles Bukowski!". 25.000 pessoas aplaudiram como se soubessem quem éramos. Isso é pra morrer de rir.

Grandes estrelas do cinema andavam por ali. Já os tinha encontrado antes. Me preocupei com isso. Fiquei preocupado que diretores e atores viessem à nossa casa. Eu não gostava de Hollywood, os filmes raramente me emocionavam. O que eu estava fazendo ali, com aquelas pessoas? Será que estava sendo sugado? 72 anos brigando a briga certa para ser sugado?

O show quase tinha terminado e seguimos o diretor para o bar VIP. Estávamos entre os eleitos. Puxa!

Lá dentro, havia mesas, um bar. E os famosos. Fui até o bar. Os drinques eram de graça. Havia um enorme barman preto. Pedi meu drinque e disse a ele: "Depois que eu tomar esse, vamos voltar lá e atacar".

O barman sorriu.

"Bukowski!"

"Você me conhece?"

"Costumava ler suas *Notas de um Velho Safado* na *L.A. Free Press* e *Open City*."

"Bem, quem diria..."

Apertamos as mãos. A luta foi cancelada.

Linda e eu falamos com várias pessoas, não sei sobre o quê. Eu continuava voltando ao bar a toda hora para pegar a minha vodka 7's. O barman me servia em copos altos. Eu também tinha bebido na limusine no caminho para o show. A noite ficou mais fácil pra mim, era só uma questão de beber bastante, rápido e com frequência.

Quando o astro do rock chegou, eu já estava mais pra lá do que pra cá, mas ainda estava aqui. Ele sentou e conversamos, mas não lembro sobre o quê. Daí chegou a hora do *black-out*. Evidentemente fomos embora. Só sei porque me contaram depois. A limusine nos levou de volta pra casa. Quando cheguei em casa, tropecei nos degraus, caí e bati a minha cabeça nos tijolos. Recém tínhamos colocado os tijolos. Cortei a cabeça e machuquei a mão direita e as minhas costas.

Descobri a maior parte disso de manhã, quando levantei pra dar uma mijada. Havia o

"Pedi meu drinque e disse a ele: 'Depois que eu tomar esse, vamos voltar lá e atacar'."

espelho. A minha aparência era a dos velhos tempos das brigas de bar. Cristo. Lavei um pouco do sangue, dei comida aos nossos nove gatos e voltei pra cama. A Linda também não estava se sentindo bem. Mas ela tinha visto seu show de rock.

Sabia que não conseguiria escrever por três ou quatro dias e que demoraria uns dois para voltar ao hipódromo.

De volta para a música clássica. Fui homenageado e tudo mais. Era legal que os astros do rock lessem o meu trabalho, mas sabia de homens nas cadeias e nos hospícios que também liam. Não posso controlar quem lê o meu trabalho. Esqueça.

É bom sentar aqui esta noite, neste quartinho no segundo andar, ouvindo o rádio, o velho corpo, a velha mente remendando. Aqui é o meu lugar, assim. Assim. Assim.

21/02/93   **00:33**

    Fui ao hipódromo hoje, na chuva, e vi vencerem sete favoritos em nove. Não tem jeito de eu ganhar quando isso acontece. Vi as horas serem baleadas na cabeça e olhei as pessoas estudando suas listas de barbadas, seus jornais e programas de páreos. Muitos foram embora cedo, descendo as escadas rolantes. (Ruído de tiros lá fora, enquanto escrevo isso, a vida volta ao normal.) Depois de uns quatro ou cinco páreos, saio das sociais e desço para a área das populares. Havia uma diferença. Menos brancos, é claro, mais pobres, é claro. Lá embaixo, eu era minoria. Dei uma volta e senti o desespero no ar. Estes eram apostadores de dois dólares. Não apostavam nos favoritos. Apostavam na ponta, na dupla exata, na dupla. Buscavam um monte de dinheiro com pouco dinheiro e estavam se afogando. Se afogando na chuva. Era triste ali. Eu precisava de um novo hobby. O hipódromo tinha mudado. Há quarenta anos, havia uma certa alegria, mesmo entre os perdedores. Os bares ficavam lotados. Era um pessoal diferente, uma cidade diferente, um mundo diferente. Não havia dinheiro pra jogar pra cima, dinheiro à-merda-com-ele, dinheiro voltaremos-amanhã. Era o fim do mundo. Roupas velhas. Rostos retorcidos e amargurados. Era dinheiro alugado. O dinheiro a cinco dólares a hora. O dinheiro dos desempregados, dos imigrantes ilegais. O dinheiro dos batedores de carteira, dos assaltantes, o dinheiro dos deserdados. O ar era sombrio. E as filas eram longas. Faziam os pobres esperar em longas filas. E ficavam nelas para ver seus sonhos esmagados.

Esse era o Hollywood Park, localizado na região dos pretos, no distrito dos centro-americanos e outras minorias.

Voltei para cima, nas sociais, às filas menores. Entrei na fila, joguei 20 no segundo mais apostado.

"Quando você vai fazer?", perguntou o bilheteiro.

"Fazer o quê?", perguntei.

"Cobrar algumas pules."

"Qualquer dia desses", disse a ele.

Me virei e fui embora. Escutei-o dizendo mais alguma coisa. Velho grisalho e corcunda. Ele estava num mau dia. Muitos dos bilheteiros apostam. Eu tentava pegar um bilheteiro diferente cada vez que apostava, eu não queria ficar íntimo. O filho da puta passou dos limites. Não era da sua conta se eu cobrasse os bilhetes ou não. Os bilheteiros apostavam com você quando você estava ganhando. Perguntavam uns aos outros: "O que ele apostou?". Mas se você dava a dica errada, ficavam putos. Deviam pensar por si mesmos. Só porque eu estava lá todos os dias não significava que eu era um apostador profissional. Eu era um escritor profissional. Às vezes.

Estava dando uma caminhada e vi esse garoto correndo na minha direção. Eu sabia o que era. Bloqueou meu caminho.

"Com licença", disse ele, "você é Charles Bukowski?"

"Charles Darwin", disse eu, e passei pelo lado.

Não queria ouvir o que quer que fosse me dizer.

Assisti ao páreo e meu cavalo chegou em segundo, vencido pelo outro favorito. Às vezes, ou quando a pista está embarrada, a maioria dos favoritos ganha. Não sei por que isso acontece. Mas dei no pé do hipódromo e fui pra casa.

Cheguei em casa, cumprimentei Linda. Verifiquei o correio.

Carta de rejeição da *Oxford American*. Verifiquei os poemas. Nada mal, bons, mas não excepcionais. Apenas um dia de perdedor. Mas eu ainda estava vivo. Era quase o ano 2000 e eu ainda estava vivo, seja lá o que isso signifique.

Saímos para jantar em um restaurante mexicano. Muita conversa sobre a luta daquela noite. Chavez e Haugin diante de 130.000 na Cidade do México. Achava que Haugin não tinha nenhuma chance. Ele tinha coragem, mas não tinha pegada, movimento e já tinha passado uns três anos do seu auge.

Aquela noite foi como esperado. Chavez nem mesmo se sentou entre os rounds. Quase não alterou a respiração. A coisa toda foi um evento limpo, cabal, brutal. Os socos que Chavez dava me faziam estremecer. Era como bater nas costelas de uma pessoa com uma marreta.

Chavez finalmente encheu o saco de lutar e o derrubou.

"Bem, afinal", disse para minha mulher, "pagamos para ver exatamente o que pensávamos ver."

A TV foi desligada.

Amanhã, os japoneses vêm me entrevistar. Um dos meus livros foi traduzido para o japonês e outro está a caminho. O que vou dizer a eles? Falar sobre cavalos? Sobre a vida sendo estrangulada nas trevas da tribuna de honra? Talvez eles devam apenas fazer perguntas. Deveriam. Eu era um escritor, não? Era tão estranho, mas todo mundo tinha que ser alguma coisa, não é? Sem-teto, famoso, gay, louco, qualquer coisa. Se eles mais uma vez fizerem sete favoritos ganharem em nove páreos, vou começar a fazer outra coisa. Correr. Ou os museus. Ou pintura com os dedos. Ou xadrez. Isso, merda, é tão estúpido quanto.

"Por exemplo, todos os dias, volto do hipódromo apertando o rádio em diferentes estações, procurando música, música decente. Tudo é ruim, insípido, sem vida, sem melodia, indiferente."

27/02/93 **00:56**

O capitão saiu para o almoço e os marinheiros tomaram conta do navio.

Por que há tão poucas pessoas interessantes? Em milhões, por que não há algumas? Devemos continuar a viver com esta espécie insípida e tediosa? Parece que seu único ato é a Violência. São bons nisso. Realmente florescem. Flores de merda, emporcalhando nossas chances. O problema é que tenho que continuar a me relacionar com eles. Isto é, se eu quiser que as luzes continuem acesas, se eu quiser consertar esse computador, se eu quiser dar a descarga na privada, comprar um pneu novo, arrancar um dente ou abrir a minha barriga, tenho que continuar a me relacionar. Preciso dos desgraçados para as menores necessidades, mesmo que eles mesmos me causem horror. E horror é uma gentileza.

Mas eles pisoteiam a minha consciência com seu fracasso em áreas vitais. Por exemplo, todos os dias, volto do hipódromo apertando o rádio em diferentes estações, procurando música, música decente. Tudo é ruim, insípido, sem vida, sem melodia, indiferente. Mesmo assim, algumas dessas composições são vendidas aos milhões e seus criadores se consideram verdadeiros Artistas. É horrível, uma idiotice terrível entrando em jovens cabeças. Eles gostam disso. Cristo, dê merda a eles, e eles comem. Não conseguem discernir? Não conseguem ouvir? Não sentem a diluição, o mofo?

Não posso acreditar que não haja nada. Continuo tentando novas rádios. Meu carro tem menos de um ano, mas a tinta preta do botão que aperto já está totalmente gasta. Agora o botão está branco, marfim, olhando pra mim.

Bem, é, existe a música clássica. Tenho que me acostumar com isso. Mas sei que ela vai sempre estar lá para mim. Escuto isso de três a quatro horas por noite. Mas ainda continuo procurando outro tipo de música. Só que não existe. Deveria existir. Isso me perturba. Escamotearam toda uma outra área. Pense em todas as pessoas vivas que nunca ouviram música decente. Não se admira que seus rostos estejam caindo, não se admira que matem sem pensar, não se admira que esteja faltando o coração.

Bem, o que é que eu posso fazer? Nada.

Os filmes são tão ruins quanto a música. Você ouve ou lê a crítica. Um grande filme, dizem. E daí saio para ver o tal filme. E sento lá me sentindo um grande idiota, me sentindo roubado, enganado. Posso adivinhar a próxima cena antes de acontecer. E os motivos óbvios dos personagens, o que os move, o que desejam, o que é importante para eles é tão infantil e patético, tão enfadonho e grosseiro. As partes românticas são irritantes, velhas, bobagens preciosistas.

Acho que a maioria das pessoas vê filmes demais. E, com certeza, os críticos. Quando dizem que um filme é ótimo, querem dizer que é ótimo em relação aos outros filmes que viram. Perderam a visão geral. São martelados cada vez com mais filmes novos. Simplesmente não sabem, estão perdidos no meio daquilo. Esqueceram o que é realmente ruim, que é a maior parte do que assistem.

E não vamos nem falar em televisão.

E como escritor... será que sou um? Bem. Como escritor, é difícil ler o que os outros escrevem. Não me bate. Pra começar, não sabem como colocar uma linha, um parágrafo. Só de olhar o texto impresso a distância já parece chato. E quando você realmente lê, é pior que chato. Não tem ritmo. Não tem nada de emocionante ou novo. Não tem jogo, fogo, gás. O que estão fazendo? Parece ser trabalho pesado. Não se admira que a maioria dos escritores diga que escrever é doloroso. Eu entendo isso.

Algumas vezes com meu texto, quando não foi extraordinário, tentei outras coisas. Derramei vinho nas páginas, acendi um fósforo e queimei buracos nelas. "O que você está FAZENDO aí? Sinto cheiro de fumaça!"

"Tudo bem, querida, está tudo bem..."

Uma vez, meu cesto de lixo pegou fogo e o levei correndo para a varanda e derramei cerveja nele.

Para eu escrever, gosto de assistir a lutas de box, ver como o jab é usado, o direto de direita, o gancho de esquerda, o uppercut, o counter punch. Gosto de vê-los lutar, sair da tela. Existe algo a ser aprendido, algo a ser aplicado à arte de escrever, à maneira de escrever. Você só tem uma chance, que logo desaparece. Só sobram páginas, e você pode queimá-las, se quiser.

Música clássica, charutos, o computador faz o texto dançar, gritar, rir. O pesadelo da vida também ajuda.

Todos os dias, quando entro no hipódromo, sei que estou mandando minhas horas à merda. Mas ainda tenho a noite. O que os outros escritores fazem? Ficam na frente do espelho e examinam os lóbulos da orelha? E então escrevem sobre eles. Ou sobre suas mães. Ou como Salvar o Mundo. Bem, podiam me poupar não escrevendo esse troço chato. Essa bobagem sem energia e murcha. Pare! Pare! Pare! Preciso ler alguma coisa. Será que não há nada para ler? Acho que não. Se você achar, me conte. Não, não faça isso. Eu sei: você escreveu. Esquece. Vai dar uma cagada.

Lembro de uma carta longa e furiosa que recebi um dia de um cara que me disse que eu não tinha o direito de dizer que não gostava de Shakespeare. Muitos jovens iam acreditar em mim e não se dariam ao trabalho de ler Shakespeare. Eu não tinha o direito de tomar essa posição. E assim por diante. Não respondi na época. Mas vou responder agora.

Vá se foder, colega. E eu não gosto também de Tolstói!

Livros de Bukowski publicados pela **L**&**PM** EDITORES:

Ao sul de lugar nenhum: histórias da vida subterrânea
O amor é um cão dos diabos
Bukowski: 3 em 1 (*Mulheres*; *O capitão saiu para o almoço e os marinheiros tomaram conta do navio*; *Cartas na rua*)
O capitão saiu para o almoço e os marinheiros tomaram conta do navio (c/ ilustrações de Robert Crumb)
Cartas na rua
Crônica de um amor louco
Delírios cotidianos (c/ ilustrações de Matthias Schultheiss)
Escrever para não enlouquecer
Fabulário geral do delírio cotidiano
Factótum
Hollywood
Miscelânea septuagenária: contos e poemas
Misto-quente
A mulher mais linda da cidade e outras histórias
Mulheres
Notas de um velho safado
Numa fria
Pedaços de um caderno manchado de vinho
As pessoas parecem flores finalmente
Pulp
Queimando na água, afogando-se na chama
Sobre gatos
Sobre o amor
Tempestade para os vivos e para os mortos
Textos autobiográficos (Editado por John Martin)
Você fica tão sozinho às vezes que até faz sentido

Poesias, contos e todos os romances em mais de 20 títulos

L&PM EDITORES

Coleção L&PM POCKET (Lançamentos mais recentes)

589. **24 horas na vida de uma mulher** – Stefan Zweig
591. **Mulher no escuro** – Dashiell Hammett
592. **No que acredito** – Bertrand Russell
593. **Odisseia (1): Telemaquia** – Homero
594. **O cavalo cego** – Josué Guimarães
595. **Henrique V** – Shakespeare
596. **Fabulário geral do delírio cotidiano** – Bukowski
597. **Tiros na noite 1: A mulher do bandido** – Dashiell Hammett
598. **Snoopy em Feliz Dia dos Namorados! (2)** – Schulz
600. **Crime e castigo** – Dostoiévski
601. **Mistério no Caribe** – Agatha Christie
602. **Odisseia (2): Regresso** – Homero
603. **Piadas para sempre (2)** – Visconde da Casa Verde
604. **À sombra do vulcão** – Malcolm Lowry
605.(8). **Kerouac** – Yves Buin
606. **E agora são cinzas** – Angeli
607. **As mil e uma noites** – Paulo Caruso
608. **Um assassino entre nós** – Ruth Rendell
609. **Crack-up** – F. Scott Fitzgerald
610. **Do amor** – Stendhal
611. **Cartas do Yage** – William Burroughs e Allen Ginsberg
612. **Striptiras (2)** – Laerte
613. **Henry & June** – Anaïs Nin
614. **A piscina mortal** – Ross Macdonald
615. **Geraldão (2)** – Glauco
616. **Tempo de delicadeza** – A. R. de Sant'Anna
617. **Tiros na noite 2: Medo de tiro** – Dashiell Hammett
618. **Snoopy em Assim é a vida, Charlie Brown! (3)** – Schulz
619. **1954 – Um tiro no coração** – Hélio Silva
620. **Sobre a inspiração poética (Íon) e ...** – Platão
621. **Garfield e seus amigos (8)** – Jim Davis
622. **Odisseia (3): Ítaca** – Homero
623. **A louca matança** – Chester Himes
624. **Factótum** – Bukowski
625. **Guerra e Paz: volume 1** – Tolstói
626. **Guerra e Paz: volume 2** – Tolstói
627. **Guerra e Paz: volume 3** – Tolstói
628. **Guerra e Paz: volume 4** – Tolstói
629.(9). **Shakespeare** – Claude Mourthé
630. **Bem está o que bem acaba** – Shakespeare
631. **O contrato social** – Rousseau
632. **Geração Beat** – Jack Kerouac
633. **Snoopy: É Natal! (4)** – Charles Schulz
634. **Testemunha da acusação** – Agatha Christie
635. **Um elefante no caos** – Millôr Fernandes
636. **Guia de leitura (100 autores que você precisa ler)** Organização de Léa Masina
637. **Pistoleiros também mandam flores** – David Coimbra
638. **O prazer das palavras** – vol. 1 – Cláudio Moreno
639. **O prazer das palavras** – vol. 2 – Cláudio Moreno
640. **Novíssimo testamento: com Deus e o diabo, a dupla da criação** – Iotti
641. **Literatura Brasileira: modos de usar** – Luís Augusto Fischer
642. **Dicionário de Porto-Alegrês** – Luís A. Fischer
643. **Clô Dias & Noites** – Sérgio Jockymann
644. **Memorial de Isla Negra** – Pablo Neruda
645. **Um homem extraordinário e outras histórias** – Tchékhov
646. **Ana sem terra** – Alcy Cheuiche
647. **Adultérios** – Woody Allen
651. **Snoopy: Posso fazer uma pergunta, professora? (5)** – Charles Schulz
652.(10). **Luís XVI** – Bernard Vincent
653. **O mercador de Veneza** – Shakespeare
654. **Cancioneiro** – Fernando Pessoa
655. **Non-Stop** – Martha Medeiros
656. **Carpinteiros, levantem bem alto a cumeeira & Seymour, uma apresentação** – J.D.Salinger
657. **Ensaios céticos** – Bertrand Russell
658. **O melhor de Hagar 5** – Dik e Chris Browne
659. **Primeiro amor** – Ivan Turguêniev
660. **A trégua** – Mario Benedetti
661. **Um parque de diversões da cabeça** – Lawrence Ferlinghetti
662. **Aprendendo a viver** – Sêneca
663. **Garfield, um gato em apuros (9)** – Jim Davis
664. **Dilbert (1)** – Scott Adams
666. **A imaginação** – Jean-Paul Sartre
667. **O ladrão e os cães** – Naguib Mahfuz
669. **A volta do parafuso** *seguido de* **Daisy Miller** – Henry James
670. **Notas do subsolo** – Dostoiévski
671. **Abobrinhas da Brasilônia** – Glauco
672. **Geraldão (3)** – Glauco
673. **Piadas para sempre (3)** – Visconde da Casa Verde
674. **Duas viagens ao Brasil** – Hans Staden
676. **A arte da guerra** – Maquiavel
677. **Além do bem e do mal** – Nietzsche
678. **O coronel Chabert** *seguido de* **A mulher abandonada** – Balzac
679. **O sorriso de marfim** – Ross Macdonald
680. **100 receitas de pescados** – Sílvio Lancellotti
681. **O juiz e seu carrasco** – Friedrich Dürrenmatt
682. **Noites brancas** – Dostoiévski
683. **Quadras ao gosto popular** – Fernando Pessoa
685. **Kaos** – Millôr Fernandes
686. **A pele de onagro** – Balzac
687. **As ligações perigosas** – Choderlos de Laclos
689. **Os Lusíadas** – Luís Vaz de Camões
690.(11). **Átila** – Éric Deschodt
691. **Um jeito tranquilo de matar** – Chester Himes
692. **A felicidade conjugal** *seguido de* **O diabo** – Tolstói

693. **Viagem de um naturalista ao redor do mundo** – vol. 1 – Charles Darwin
694. **Viagem de um naturalista ao redor do mundo** – vol. 2 – Charles Darwin
695. **Memórias da casa dos mortos** – Dostoiévski
696. **A Celestina** – Fernando de Rojas
697. **Snoopy: Como você é azarado, Charlie Brown! (6)** – Charles Schulz
698. **Dez (quase) amores** – Claudia Tajes
699. **Poirot sempre espera** – Agatha Christie
701. **Apologia de Sócrates** *precedido de* **Êutifron e** *seguido de* **Críton** – Platão
702. **Wood & Stock** – Angeli
703. **Striptiras (3)** – Laerte
704. **Discurso sobre a origem e os fundamentos da desigualdade entre os homens** – Rousseau
705. **Os duelistas** – Joseph Conrad
706. **Dilbert (2)** – Scott Adams
707. **Viver e escrever (vol. 1)** – Edla van Steen
708. **Viver e escrever (vol. 2)** – Edla van Steen
709. **Viver e escrever (vol. 3)** – Edla van Steen
710. **A teia da aranha** – Agatha Christie
711. **O banquete** – Platão
712. **Os belos e malditos** – F. Scott Fitzgerald
713. **Libelo contra a arte moderna** – Salvador Dalí
714. **Akropolis** – Valerio Massimo Manfredi
715. **Devoradores de mortos** – Michael Crichton
716. **Sob o sol da Toscana** – Frances Mayes
717. **Batom na cueca** – Nani
718. **Vida dura** – Claudia Tajes
719. **Carne trêmula** – Ruth Rendell
720. **Cris, a fera** – David Coimbra
721. **O anticristo** – Nietzsche
722. **Como um romance** – Daniel Pennac
723. **Emboscada no Forte Bragg** – Tom Wolfe
724. **Assédio sexual** – Michael Crichton
725. **O espírito do Zen** – Alan W. Watts
726. **Um bonde chamado desejo** – Tennessee Williams
727. **Como gostais** *seguido de* **Conto de inverno** – Shakespeare
728. **Tratado sobre a tolerância** – Voltaire
729. **Snoopy: Doces ou travessuras? (7)** – Charles Schulz
730. **Cardápios do Anonymus Gourmet** – J.A. Pinheiro Machado
731. **100 receitas com lata** – J.A. Pinheiro Machado
732. **Conhece o Mário? vol.2** – Santiago
733. **Dilbert (3)** – Scott Adams
734. **História de um louco amor** *seguido de* **Passado amor** – Horacio Quiroga
735. **(11).Sexo: muito prazer** – Laura Meyer da Silva
736. **(12).Para entender o adolescente** – Dr. Ronald Pagnoncelli
737. **(13).Desembarcando a tristeza** – Dr. Fernando Lucchese
738. **Poirot e o mistério da arca espanhola & outras histórias** – Agatha Christie
739. **A última legião** – Valerio Massimo Manfredi
741. **Sol nascente** – Michael Crichton
742. **Duzentos ladrões** – Dalton Trevisan
743. **Os devaneios do caminhante solitário** – Rousseau
744. **Garfield, o rei da preguiça (10)** – Jim Davis
745. **Os magnatas** – Charles R. Morris
746. **Pulp** – Charles Bukowski
747. **Enquanto agonizo** – William Faulkner
748. **Aline: viciada em sexo (3)** – Adão Iturrusgarai
749. **A dama do cachorrinho** – Anton Tchékhov
750. **Tito Andrônico** – Shakespeare
751. **Antologia poética** – Anna Akhmátova
752. **O melhor de Hagar 6** – Dik e Chris Browne
753. **(12).Michelangelo** – Nadine Sautel
754. **Dilbert (4)** – Scott Adams
755. **O jardim das cerejeiras** *seguido de* **Tio Vânia** – Tchékhov
756. **Geração Beat** – Claudio Willer
757. **Santos Dumont** – Alcy Cheuiche
758. **Budismo** – Claude B. Levenson
759. **Cleópatra** – Christian-Georges Schwentzel
760. **Revolução Francesa** – Frédéric Bluche, Stéphane Rials e Jean Tulard
761. **A crise de 1929** – Bernard Gazier
762. **Sigmund Freud** – Edson Sousa e Paulo Endo
763. **Império Romano** – Patrick Le Roux
764. **Cruzadas** – Cécile Morrisson
765. **O mistério do Trem Azul** – Agatha Christie
768. **Senso comum** – Thomas Paine
769. **O parque dos dinossauros** – Michael Crichton
770. **Trilogia da paixão** – Goethe
773. **Snoopy: No mundo da lua! (8)** – Charles Schulz
774. **Os Quatro Grandes** – Agatha Christie
775. **Um brinde de cianureto** – Agatha Christie
776. **Súplicas atendidas** – Truman Capote
779. **A viúva imortal** – Millôr Fernandes
780. **Cabala** – Roland Goetschel
781. **Capitalismo** – Claude Jessua
782. **Mitologia grega** – Pierre Grimal
783. **Economia: 100 palavras-chave** – Jean-Paul Betbèze
784. **Marxismo** – Henri Lefebvre
785. **Punição para a inocência** – Agatha Christie
786. **A extravagância do morto** – Agatha Christie
787. **(13).Cézanne** – Bernard Fauconnier
788. **A identidade Bourne** – Robert Ludlum
789. **Da tranquilidade da alma** – Sêneca
790. **Um artista da fome** *seguido de* **Na colônia penal e outras histórias** – Kafka
791. **Histórias de fantasmas** – Charles Dickens
796. **O Uraguai** – Basílio da Gama
797. **A mão misteriosa** – Agatha Christie
798. **Testemunha ocular do crime** – Agatha Christie
799. **Crepúsculo dos ídolos** – Friedrich Nietzsche
802. **O grande golpe** – Dashiell Hammett
803. **Humor barra pesada** – Nani
804. **Vinho** – Jean-François Gautier
805. **Egito Antigo** – Sophie Desplancques
806. **(14).Baudelaire** – Jean-Baptiste Baronian
807. **Caminho da sabedoria, caminho da paz** – Dalai Lama e Felizitas von Schönborn

808. **Senhor e servo e outras histórias** – Tolstói
809. **Os cadernos de Malte Laurids Brigge** – Rilke
810. **Dilbert (5)** – Scott Adams
811. **Big Sur** – Jack Kerouac
812. **Seguindo a correnteza** – Agatha Christie
813. **O álibi** – Sandra Brown
814. **Montanha-russa** – Martha Medeiros
815. **Coisas da vida** – Martha Medeiros
816. **A cantada infalível** *seguido de* **A mulher do centroavante** – David Coimbra
819. **Snoopy: Pausa para a soneca (9)** – Charles Schulz
820. **De pernas pro ar** – Eduardo Galeano
821. **Tragédias gregas** – Pascal Thiercy
822. **Existencialismo** – Jacques Colette
823. **Nietzsche** – Jean Granier
824. **Amar ou depender?** – Walter Riso
825. **Darmapada: A doutrina budista em versos**
826. **J'Accuse...! – a verdade em marcha** – Zola
827. **Os crimes ABC** – Agatha Christie
828. **Um gato entre os pombos** – Agatha Christie
831. **Dicionário de teatro** – Luiz Paulo Vasconcellos
832. **Cartas extraviadas** – Martha Medeiros
833. **A longa viagem de prazer** – J. J. Morosoli
834. **Receitas fáceis** – J. A. Pinheiro Machado
835. (14).**Mais fatos & mitos** – Dr. Fernando Lucchese
836. (15).**Boa viagem!** – Dr. Fernando Lucchese
837. **Aline: Finalmente nua!!!** (4) – Adão Iturrusgarai
838. **Mônica tem uma novidade!** – Mauricio de Sousa
839. **Cebolinha em apuros!** – Mauricio de Sousa
840. **Sócios no crime** – Agatha Christie
841. **Bocas do tempo** – Eduardo Galeano
842. **Orgulho e preconceito** – Jane Austen
843. **Impressionismo** – Domingue Lobstein
844. **Escrita chinesa** – Viviane Alleton
845. **Paris: uma história** – Yvan Combeau
846 (15). **Van Gogh** – David Haziot
848. **Portal do destino** – Agatha Christie
849. **O futuro de uma ilusão** – Freud
850. **O mal-estar na cultura** – Freud
853. **Um crime adormecido** – Agatha Christie
854. **Satori em Paris** – Jack Kerouac
855. **Medo e delírio em Las Vegas** – Hunter Thompson
856. **Um negócio fracassado e outros contos de humor** – Tchékhov
857. **Mônica está de férias!** – Mauricio de Sousa
858. **De quem é esse coelho?** – Mauricio de Sousa
860. **O mistério Sittaford** – Agatha Christie
861. **Manhã transfigurada** – L. A. de Assis Brasil
862. **Alexandre, o Grande** – Pierre Briant
863. **Jesus** – Charles Perrot
864. **Islã** – Paul Balta
865. **Guerra da Secessão** – Farid Ameur
866. **Um rio que vem da Grécia** – Cláudio Moreno
868. **Assassinato na casa do pastor** – Agatha Christie
869. **Manual do líder** – Napoleão Bonaparte
870 (16). **Billie Holiday** – Sylvia Fol
871. **Bidu arrasando!** – Mauricio de Sousa
872. **Os Sousa: Desventuras em família** – Mauricio de Sousa
874. **E no final a morte** – Agatha Christie
875. **Guia prático do Português correto – vol. 4** – Cláudio Moreno
876. **Dilbert (6)** – Scott Adams
877 (17). **Leonardo da Vinci** – Sophie Chauveau
878. **Bella Toscana** – Frances Mayes
879. **A arte da ficção** – David Lodge
880. **Striptiras (4)** – Laerte
881. **Skrotinhos** – Angeli
882. **Depois do funeral** – Agatha Christie
883. **Radicci 7** – Iotti
884. **Walden** – H. D. Thoreau
885. **Lincoln** – Allen C. Guelzo
886. **Primeira Guerra Mundial** – Michael Howard
887. **A linha de sombra** – Joseph Conrad
888. **O amor é um cão dos diabos** – Bukowski
890. **Despertar: uma vida de Buda** – Jack Kerouac
891 (18). **Albert Einstein** – Laurent Seksik
892. **Hell's Angels** – Hunter Thompson
893. **Ausência na primavera** – Agatha Christie
894. **Dilbert (7)** – Scott Adams
895. **Ao sul de lugar nenhum** – Bukowski
896. **Maquiavel** – Quentin Skinner
897. **Sócrates** – C.C.W. Taylor
899. **O Natal de Poirot** – Agatha Christie
900. **As veias abertas da América Latina** – Eduardo Galeano
901. **Snoopy: Sempre alerta! (10)** – Charles Schulz
902. **Chico Bento: Plantando confusão** – Mauricio de Sousa
903. **Penadinho: Quem é morto sempre aparece** – Mauricio de Sousa
904. **A vida sexual da mulher feia** – Claudia Tajes
905. **100 segredos de liquidificador** – José Antonio Pinheiro Machado
906. **Sexo muito prazer 2** – Laura Meyer da Silva
907. **Os nascimentos** – Eduardo Galeano
908. **As caras e as máscaras** – Eduardo Galeano
909. **O século do vento** – Eduardo Galeano
910. **Poirot perde uma cliente** – Agatha Christie
911. **Cérebro** – Michael O'Shea
912. **O escaravelho de ouro e outras histórias** – Edgar Allan Poe
913. **Piadas para sempre (4)** – Visconde da Casa Verde
914. **100 receitas de massas light** – Helena Tonetto
915 (19). **Oscar Wilde** – Daniel Salvatore Schiffer
916. **Uma breve história do mundo** – H. G. Wells
917. **A Casa do Penhasco** – Agatha Christie
918. **John M. Keynes** – Bernard Gazier
920 (20). **Virginia Woolf** – Alexandra Lemasson
921. **Peter e Wendy** *seguido de* **Peter Pan em Kensington Gardens** – J. M. Barrie
922. **Aline: numas de colegial (5)** – Adão Iturrusgarai
923. **Uma dose mortal** – Agatha Christie
924. **Os trabalhos de Hércules** – Agatha Christie
926. **Kant** – Roger Scruton
927. **A inocência do Padre Brown** – G.K. Chesterton
928. **Casa Velha** – Machado de Assis

929. Marcas de nascença – Nancy Huston
930. Aulete de bolso
931. Hora Zero – Agatha Christie
932. Morte na Mesopotâmia – Agatha Christie
934. Nem te conto, João – Dalton Trevisan
935. As aventuras de Huckleberry Finn – Mark Twain
936(21). Marilyn Monroe – Anne Plantagenet
937. China moderna – Rana Mitter
938. Dinossauros – David Norman
939. Louca por homem – Claudia Tajes
940. Amores de alto risco – Walter Riso
941. Jogo de damas – David Coimbra
942. Filha é filha – Agatha Christie
943. M ou N? – Agatha Christie
945. Bidu: diversão em dobro! – Mauricio de Sousa
946. Fogo – Anaïs Nin
947. Rum: diário de um jornalista bêbado – Hunter Thompson
948. Persuasão – Jane Austen
949. Lágrimas na chuva – Sergio Faraco
950. Mulheres – Bukowski
951. Um pressentimento funesto – Agatha Christie
952. Cartas na mesa – Agatha Christie
954. O lobo do mar – Jack London
955. Os gatos – Patricia Highsmith
956(22). Jesus – Christiane Rancé
957. História da medicina – William Bynum
958. O Morro dos Ventos Uivantes – Emily Brontë
959. A filosofia na era trágica dos gregos – Nietzsche
960. Os treze problemas – Agatha Christie
961. A massagista japonesa – Moacyr Scliar
963. Humor do miserê – Nani
964. Todo o mundo tem dúvida, inclusive você – Édison de Oliveira
965. A dama do Bar Nevada – Sergio Faraco
969. O psicopata americano – Bret Easton Ellis
970. Ensaios de amor – Alain de Botton
971. O grande Gatsby – F. Scott Fitzgerald
972. Por que não sou cristão – Bertrand Russell
973. A Casa Torta – Agatha Christie
974. Encontro com a morte – Agatha Christie
975(23). Rimbaud – Jean-Baptiste Baronian
976. Cartas na rua – Bukowski
977. Memória – Jonathan K. Foster
978. A abadia de Northanger – Jane Austen
979. As pernas de Úrsula – Claudia Tajes
980. Retrato inacabado – Agatha Christie
981. Solanin (1) – Inio Asano
982. Solanin (2) – Inio Asano
983. Aventuras de menino – Mitsuru Adachi
984(16). Fatos & mitos sobre sua alimentação – Dr. Fernando Lucchese
985. Teoria quântica – John Polkinghorne
986. O eterno marido – Fiódor Dostoiévski
987. Um safado em Dublin – J. P. Donleavy
988. Mirinha – Dalton Trevisan
989. Akhenaton e Nefertiti – Carmen Seganfredo e A. S. Franchini
990. On the Road – o manuscrito original – Jack Kerouac
991. Relatividade – Russell Stannard
992. Abaixo de zero – Bret Easton Ellis
993(24). Andy Warhol – Mériam Korichi
995. Os últimos casos de Miss Marple – Agatha Christie
996. Nico Demo: Aí vem encrenca – Mauricio de Sousa
998. Rousseau – Robert Wokler
999. Noite sem fim – Agatha Christie
1000. Diários de Andy Warhol (1) – Editado por Pat Hackett
1001. Diários de Andy Warhol (2) – Editado por Pat Hackett
1002. Cartier-Bresson: o olhar do século – Pierre Assouline
1003. As melhores histórias da mitologia: vol. 1 – A.S. Franchini e Carmen Seganfredo
1004. As melhores histórias da mitologia: vol. 2 – A.S. Franchini e Carmen Seganfredo
1005. Assassinato no beco – Agatha Christie
1006. Convite para um homicídio – Agatha Christie
1008. História da vida – Michael J. Benton
1009. Jung – Anthony Stevens
1010. Arsène Lupin, ladrão de casaca – Maurice Leblanc
1011. Dublinenses – James Joyce
1012. 120 tirinhas da Turma da Mônica – Mauricio de Sousa
1013. Antologia poética – Fernando Pessoa
1014. A aventura de um cliente ilustre *seguido de* O último adeus de Sherlock Holmes – Sir Arthur Conan Doyle
1015. Cenas de Nova York – Jack Kerouac
1016. A corista – Anton Tchékhov
1017. O diabo – Leon Tolstói
1018. Fábulas chinesas – Sérgio Capparelli e Márcia Schmaltz
1019. O gato do Brasil – Sir Arthur Conan Doyle
1020. Missa do Galo – Machado de Assis
1021. O mistério de Marie Rogêt – Edgar Allan Poe
1022. A mulher mais linda da cidade – Bukowski
1023. O retrato – Nicolai Gogol
1024. O conflito – Agatha Christie
1025. Os primeiros casos de Poirot – Agatha Christie
1027(25). Beethoven – Bernard Fauconnier
1028. Platão – Julia Annas
1029. Cleo e Daniel – Roberto Freire
1030. Til – José de Alencar
1031. Viagens na minha terra – Almeida Garrett
1032. Profissões para mulheres e outros artigos feministas – Virginia Woolf
1033. Mrs. Dalloway – Virginia Woolf
1034. O cão da morte – Agatha Christie
1035. Tragédia em três atos – Agatha Christie
1037. O fantasma da Ópera – Gaston Leroux
1038. Evolução – Brian e Deborah Charlesworth
1039. Medida por medida – Shakespeare
1040. Razão e sentimento – Jane Austen

1041. **A obra-prima ignorada** *seguido de* **Um episódio durante o Terror** – Balzac
1042. **A fugitiva** – Anaïs Nin
1043. **As grandes histórias da mitologia greco--romana** – A. S. Franchini
1044. **O corno de si mesmo & outras historietas** – Marquês de Sade
1045. **Da felicidade** *seguido de* **Da vida retirada** – Sêneca
1046. **O horror em Red Hook e outras histórias** – H. P. Lovecraft
1047. **Noite em claro** – Martha Medeiros
1048. **Poemas clássicos chineses** – Li Bai, Du Fu e Wang Wei
1049. **A terceira moça** – Agatha Christie
1050. **Um destino ignorado** – Agatha Christie
1051(26). **Buda** – Sophie Royer
1052. **Guerra Fria** – Robert J. McMahon
1053. **Simons's Cat: as aventuras de um gato travesso e comilão – vol. 1** – Simon Tofield
1054. **Simons's Cat: as aventuras de um gato travesso e comilão – vol. 2** – Simon Tofield
1055. **Só as mulheres e as baratas sobreviverão** – Claudia Tajes
1057. **Pré-história** – Chris Gosden
1058. **Pintou sujeira!** – Mauricio de Sousa
1059. **Contos de Mamãe Gansa** – Charles Perrault
1060. **A interpretação dos sonhos: vol. 1** – Freud
1061. **A interpretação dos sonhos: vol. 2** – Freud
1062. **Frufru Ratapã Dolores** – Dalton Trevisan
1063. **As melhores histórias da mitologia egípcia** – Carmem Seganfredo e A.S. Franchini
1064. **Infância. Adolescência. Juventude** – Tolstói
1065. **As consolações da filosofia** – Alain de Botton
1066. **Diários de Jack Kerouac – 1947-1954**
1067. **Revolução Francesa – vol. 1** – Max Gallo
1068. **Revolução Francesa – vol. 2** – Max Gallo
1069. **O detetive Parker Pyne** – Agatha Christie
1070. **Memórias do esquecimento** – Flávio Tavares
1071. **Drogas** – Leslie Iversen
1072. **Manual de ecologia (vol.2)** – J. Lutzenberger
1073. **Como andar no labirinto** – Affonso Romano de Sant'Anna
1074. **A orquídea e o serial killer** – Juremir Machado da Silva
1075. **Amor nos tempos de fúria** – Lawrence Ferlinghetti
1076. **A aventura do pudim de Natal** – Agatha Christie
1078. **Amores que matam** – Patricia Faur
1079. **Histórias de pescador** – Mauricio de Sousa
1080. **Pedaços de um caderno manchado de vinho** – Bukowski
1081. **A ferro e fogo: tempo de solidão (vol.1)** – Josué Guimarães
1082. **A ferro e fogo: tempo de guerra (vol.2)** – Josué Guimarães
1084(17). **Desembarcando o Alzheimer** – Dr. Fernando Lucchese e Dra. Ana Hartmann
1085. **A maldição do espelho** – Agatha Christie
1086. **Uma breve história da filosofia** – Nigel Warburton
1088. **Heróis da História** – Will Durant
1089. **Concerto campestre** – L. A. de Assis Brasil
1090. **Morte nas nuvens** – Agatha Christie
1092. **Aventura em Bagdá** – Agatha Christie
1093. **O cavalo amarelo** – Agatha Christie
1094. **O método de interpretação dos sonhos** – Freud
1095. **Sonetos de amor e desamor** – Vários
1096. **120 tirinhas do Dilbert** – Scott Adams
1097. **200 fábulas de Esopo**
1098. **O curioso caso de Benjamin Button** – F. Scott Fitzgerald
1099. **Piadas para sempre: uma antologia para morrer de rir** – Visconde da Casa Verde
1100. **Hamlet (Mangá)** – Shakespeare
1101. **A arte da guerra (Mangá)** – Sun Tzu
1104. **As melhores histórias da Bíblia (vol.1)** – A. S. Franchini e Carmen Seganfredo
1105. **As melhores histórias da Bíblia (vol.2)** – A. S. Franchini e Carmen Seganfredo
1106. **Psicologia das massas e análise do eu** – Freud
1107. **Guerra Civil Espanhola** – Helen Graham
1108. **A autoestrada do sul e outras histórias** – Julio Cortázar
1109. **O mistério dos sete relógios** – Agatha Christie
1110. **Peanuts: Ninguém gosta de mim... (amor)** – Charles Schulz
1111. **Cadê o bolo?** – Mauricio de Sousa
1112. **O filósofo ignorante** – Voltaire
1113. **Totem e tabu** – Freud
1114. **Filosofia pré-socrática** – Catherine Osborne
1115. **Desejo de status** – Alain de Botton
1118. **Passageiro para Frankfurt** – Agatha Christie
1120. **Kill All Enemies** – Melvin Burgess
1121. **A morte da sra. McGinty** – Agatha Christie
1122. **Revolução Russa** – S. A. Smith
1123. **Até você, Capitu?** – Dalton Trevisan
1124. **O grande Gatsby (Mangá)** – F. S. Fitzgerald
1125. **Assim falou Zaratustra (Mangá)** – Nietzsche
1126. **Peanuts: É para isso que servem os amigos (amizade)** – Charles Schulz
1127(27). **Nietzsche** – Dorian Astor
1128. **Bidu: Hora do banho** – Mauricio de Sousa
1129. **O melhor do Macanudo Taurino** – Santiago
1130. **Radicci 30 anos** – Iotti
1131. **Show de sabores** – J.A. Pinheiro Machado
1132. **O prazer das palavras** – vol. 3 – Cláudio Moreno
1133. **Morte na praia** – Agatha Christie
1134. **O fardo** – Agatha Christie
1135. **Manifesto do Partido Comunista (Mangá)** – Marx & Engels
1136. **A metamorfose (Mangá)** – Franz Kafka
1137. **Por que você não se casou... ainda** – Tracy McMillan
1138. **Textos autobiográficos** – Bukowski
1139. **A importância de ser prudente** – Oscar Wilde
1140. **Sobre a vontade na natureza** – Arthur Schopenhauer

1141. **Dilbert (8)** – Scott Adams
1142. **Entre dois amores** – Agatha Christie
1143. **Cipreste triste** – Agatha Christie
1144. **Alguém viu uma assombração?** – Mauricio de Sousa
1145. **Mandela** – Elleke Boehmer
1146. **Retrato do artista quando jovem** – James Joyce
1147. **Zadig ou o destino** – Voltaire
1148. **O contrato social (Mangá)** – J.-J. Rousseau
1149. **Garfield fenomenal** – Jim Davis
1150. **A queda da América** – Allen Ginsberg
1151. **Música na noite & outros ensaios** – Aldous Huxley
1152. **Poesias inéditas & Poemas dramáticos** – Fernando Pessoa
1153. **Peanuts: Felicidade é...** – Charles M. Schulz
1154. **Mate-me por favor** – Legs McNeil e Gillian McCain
1155. **Assassinato no Expresso Oriente** – Agatha Christie
1156. **Um punhado de centeio** – Agatha Christie
1157. **A interpretação dos sonhos (Mangá)** – Freud
1158. **Peanuts: Você não entende o sentido da vida** – Charles M. Schulz
1159. **A dinastia Rothschild** – Herbert R. Lottman
1160. **A Mansão Hollow** – Agatha Christie
1161. **Nas montanhas da loucura** – H.P. Lovecraft
1162. (28). **Napoleão Bonaparte** – Pascale Fautrier
1163. **Um corpo na biblioteca** – Agatha Christie
1164. **Inovação** – Mark Dodgson e David Gann
1165. **O que toda mulher deve saber sobre os homens: a afetividade masculina** – Walter Riso
1166. **O amor está no ar** – Mauricio de Sousa
1167. **Testemunha de acusação & outras histórias** – Agatha Christie
1168. **Etiqueta de bolso** – Celia Ribeiro
1169. **Poesia reunida (volume 3)** – Affonso Romano de Sant'Anna
1170. **Emma** – Jane Austen
1171. **Que seja em segredo** – Ana Miranda
1172. **Garfield sem apetite** – Jim Davis
1173. **Garfield: Foi mal...** – Jim Davis
1174. **Os irmãos Karamázov (Mangá)** – Dostoiévski
1175. **O Pequeno Príncipe** – Antoine de Saint-Exupéry
1176. **Peanuts: Ninguém mais tem o espírito aventureiro** – Charles M. Schulz
1177. **Assim falou Zaratustra** – Nietzsche
1178. **Morte no Nilo** – Agatha Christie
1179. **Ê, soneca boa** – Mauricio de Sousa
1180. **Garfield a todo o vapor** – Jim Davis
1181. **Em busca do tempo perdido (Mangá)** – Proust
1182. **Cai o pano: o último caso de Poirot** – Agatha Christie
1183. **Livro para colorir e relaxar** – Livro 1
1184. **Para colorir sem parar**
1185. **Os elefantes não esquecem** – Agatha Christie
1186. **Teoria da relatividade** – Albert Einstein
1187. **Compêndio da psicanálise** – Freud
1188. **Visões de Gerard** – Jack Kerouac
1189. **Fim de verão** – Mohiro Kitoh
1190. **Procurando diversão** – Mauricio de Sousa
1191. **E não sobrou nenhum e outras peças** – Agatha Christie
1192. **Ansiedade** – Daniel Freeman & Jason Freeman
1193. **Garfield: pausa para o almoço** – Jim Davis
1194. **Contos do dia e da noite** – Guy de Maupassant
1195. **O melhor de Hagar 7** – Dik Browne
1196. (29). **Lou Andreas-Salomé** – Dorian Astor
1197. (30). **Pasolini** – René de Ceccatty
1198. **O caso do Hotel Bertram** – Agatha Christie
1199. **Crônicas de motel** – Sam Shepard
1200. **Pequena filosofia da paz interior** – Catherine Rambert
1201. **Os sertões** – Euclides da Cunha
1202. **Treze à mesa** – Agatha Christie
1203. **Bíblia** – John Riches
1204. **Anjos** – David Albert Jones
1205. **As tirinhas do Guri de Uruguaiana 1** – Jair Kobe
1206. **Entre aspas (vol.1)** – Fernando Eichenberg
1207. **Escrita** – Andrew Robinson
1208. **O spleen de Paris: pequenos poemas em prosa** – Charles Baudelaire
1209. **Satíricon** – Petrônio
1210. **O avarento** – Molière
1211. **Queimando na água, afogando-se na chama** – Bukowski
1212. **Miscelânea septuagenária: contos e poemas** – Bukowski
1213. **Que filosofar é aprender a morrer e outros ensaios** – Montaigne
1214. **Da amizade e outros ensaios** – Montaigne
1215. **O medo à espreita e outras histórias** – H.P. Lovecraft
1216. **A obra de arte na era de sua reprodutibilidade técnica** – Walter Benjamin
1217. **Sobre a liberdade** – John Stuart Mill
1218. **O segredo de Chimneys** – Agatha Christie
1219. **Morte na rua Hickory** – Agatha Christie
1220. **Ulisses (Mangá)** – James Joyce
1221. **Ateísmo** – Julian Baggini
1222. **Os melhores contos de Katherine Mansfield** – Katherine Mansfied
1223. (31). **Martin Luther King** – Alain Foix
1224. **Millôr Definitivo: uma antologia de *A Bíblia do Caos*** – Millôr Fernandes
1225. **O Clube das Terças-Feiras e outras histórias** – Agatha Christie
1226. **Por que sou tão sábio** – Nietzsche
1227. **Sobre a mentira** – Platão
1228. **Sobre a leitura *seguido do* Depoimento de Céleste Albaret** – Proust
1229. **O homem do terno marrom** – Agatha Christie
1230. (32). **Jimi Hendrix** – Franck Médioni
1231. **Amor e amizade e outras histórias** – Jane Austen
1232. **Lady Susan, Os Watson e Sanditon** – Jane Austen

1233. **Uma breve história da ciência** – William Bynum
1234. **Macunaíma: o herói sem nenhum caráter** – Mário de Andrade
1235. **A máquina do tempo** – H.G. Wells
1236. **O homem invisível** – H.G. Wells
1237. **Os 36 estratagemas: manual secreto da arte da guerra** – Anônimo
1238. **A mina de ouro e outras histórias** – Agatha Christie
1239. **Pic** – Jack Kerouac
1240. **O habitante da escuridão e outros contos** – H.P. Lovecraft
1241. **O chamado de Cthulhu e outros contos** – H.P. Lovecraft
1242. **O melhor de Meu reino por um cavalo!** – Edição de Ivan Pinheiro Machado
1243. **A guerra dos mundos** – H.G. Wells
1244. **O caso da criada perfeita e outras histórias** – Agatha Christie
1245. **Morte por afogamento e outras histórias** – Agatha Christie
1246. **Assassinato no Comitê Central** – Manuel Vázquez Montalbán
1247. **O papai é pop** – Marcos Piangers
1248. **O papai é pop 2** – Marcos Piangers
1249. **A mamãe é rock** – Ana Cardoso
1250. **Paris boêmia** – Dan Franck
1251. **Paris libertária** – Dan Franck
1252. **Paris ocupada** – Dan Franck
1253. **Uma anedota infame** – Dostoiévski
1254. **O último dia de um condenado** – Victor Hugo
1255. **Nem só de caviar vive o homem** – J.M. Simmel
1256. **Amanhã é outro dia** – J.M. Simmel
1257. **Mulherzinhas** – Louisa May Alcott
1258. **Reforma Protestante** – Peter Marshall
1259. **História econômica global** – Robert C. Allen
1260. (33). **Che Guevara** – Alain Foix
1261. **Câncer** – Nicholas James
1262. **Akhenaton** – Agatha Christie
1263. **Aforismos para a sabedoria de vida** – Arthur Schopenhauer
1264. **Uma história do mundo** – David Coimbra
1265. **Ame e não sofra** – Walter Riso
1266. **Desapegue-se!** – Walter Riso
1267. **Os Sousa: Uma família do barulho** – Mauricio de Sousa
1268. **Nico Demo: O rei da travessura** – Mauricio de Sousa
1269. **Testemunha de acusação e outras peças** – Agatha Christie
1270. (34). **Dostoiévski** – Virgil Tanase
1271. **O melhor de Hagar 8** – Dik Browne
1272. **O melhor de Hagar 9** – Dik Browne
1273. **O melhor de Hagar 10** – Dik e Chris Browne
1274. **Considerações sobre o governo representativo** – John Stuart Mill
1275. **O homem Moisés e a religião monoteísta** – Freud
1276. **Inibição, sintoma e medo** – Freud
1277. **Além do princípio de prazer** – Freud
1278. **O direito de dizer não!** – Walter Riso
1279. **A arte de ser flexível** – Walter Riso
1280. **Casados e descasados** – August Strindberg
1281. **Da Terra à Lua** – Júlio Verne
1282. **Minhas galerias e meus pintores** – Kahnweiler
1283. **A arte do romance** – Virginia Woolf
1284. **Teatro completo v. 1: As aves da noite** *seguido de* **O visitante** – Hilda Hilst
1285. **Teatro completo v. 2: O verdugo** *seguido de* **A morte do patriarca** – Hilda Hilst
1286. **Teatro completo v. 3: O rato no muro** *seguido de* **Auto da barca de Camiri** – Hilda Hilst
1287. **Teatro completo v. 4: A empresa** *seguido de* **O novo sistema** – Hilda Hilst
1288. **Sapiens: Uma breve história da humanidade** – Yuval Noah Harari
1289. **Fora de mim** – Martha Medeiros
1290. **Divã** – Martha Medeiros
1291. **Sobre a genealogia da moral: um escrito polêmico** – Nietzsche
1292. **A consciência de Zeno** – Italo Svevo
1293. **Células-tronco** – Jonathan Slack
1294. **O fim do ciúme e outros contos** – Proust
1295. **A jangada** – Júlio Verne
1296. **A ilha do dr. Moreau** – H.G. Wells
1297. **Ninho de fidalgos** – Ivan Turguêniev
1298. **Jane Eyre** – Charlotte Brontë
1299. **Sobre gatos** – Bukowski
1300. **Sobre o amor** – Bukowski
1301. **Escrever para não enlouquecer** – Bukowski
1302. **222 receitas** – J. A. Pinheiro Machado
1303. **Reinações de Narizinho** – Monteiro Lobato
1304. **O Saci** – Monteiro Lobato
1305. **Memórias da Emília** – Monteiro Lobato
1306. **O Picapau Amarelo** – Monteiro Lobato
1307. **A reforma da Natureza** – Monteiro Lobato
1308. **Fábulas** *seguido de* **Histórias diversas** – Monteiro Lobato
1309. **Aventuras de Hans Staden** – Monteiro Lobato
1310. **Peter Pan** – Monteiro Lobato
1311. **Dom Quixote das crianças** – Monteiro Lobato
1312. **O Minotauro** – Monteiro Lobato
1313. **Um quarto só seu** – Virginia Woolf
1314. **Sonetos** – Shakespeare
1315. (35). **Thoreau** – Marie Berthoumieu e Laura El Makki
1316. **Teoria da arte** – Cynthia Freeland
1317. **A arte da prudência** – Baltasar Gracián
1318. **O louco** *seguido de* **Areia e espuma** – Khalil Gibran
1319. **O profeta** *seguido de* **O jardim do profeta** – Khalil Gibran
1320. **Jesus, o Filho do Homem** – Khalil Gibran
1321. **A luta** – Norman Mailer
1322. **Sobre o sofrimento do mundo e outros ensaios** – Schopenhauer
1323. **Epidemiologia** – Rodolfo Saracci
1324. **Japão moderno** – Christopher Goto-Jones
1325. **A arte da meditação** – Matthieu Ricard
1326. **O adversário secreto** – Agatha Christie
1327. **Pollyanna** – Eleanor H. Porter

lepmeditores
www.lpm.com.br
o site que conta tudo

IMPRESSÃO:

PALLOTTI
GRÁFICA

Santa Maria - RS | Fone: (55) 3220.4500
www.graficapallotti.com.br